mentor Interpretationen

3 x Schiller

Klassiker einfach erklärt

Friedrich Schiller

Die Räuber
Don Carlos
Maria Stuart

Inhalt · Hintergrund · Interpretation

mentor
Eine Klasse besser.

Innenlayout: Frauke Bergemann, München
Abbildungen: SV-Bilderdienst, München

Die Orthografie der Originalzitate folgt der jeweils genannten Quelle.

Umwelthinweis: Gedruckt auf chlorfrei gebleichtem Papier

Printed in Germany
www.mentor.de

Willkommen bei »mentor Interpretationen«!

Sie wollten immer schon wissen, um was es in Schillers »Räubern«, »Don Carlos« und »Maria Stuart« eigentlich geht? Oder Sie lesen Schiller gerade im Deutschunterricht?

Dann finden Sie hier in knapper und verständlicher Form – oft auf besonders übersichtlichen Doppelseiten – genau die Informationen, die Sie sich wünschen. So steht dem vollen Durchblick nichts mehr im Wege!

Viel Spaß bei der (Wieder-)Entdeckung unserer Klassiker

wünschen Ihnen
die Autoren und der mentor Verlag

Die Autoren:
Detlev Mahnert (»Die Räuber«)
Dr. Martin Neubauer (»Don Carlos«)
Alexander Geist (»Maria Stuart«)

Alle Zitate nach:
Friedrich Schiller
Die Räuber. Ein Schauspiel. Stuttgart 1992
Don Carlos, Infant von Spanien. Stuttgart 1996
Maria Stuart. Trauerspiel in fünf Aufzügen. Stuttgart 1990
(= alle Reclams Universal-Bibliothek)

Friedrich Schiller

Die Räuber

Die Thematik

In den »Räubern« geht es um das Motiv der „feindlichen Brüder“, um deren vergebliche Rebellion gegen die vom Vater verkörperte weltliche und göttliche Autorität sowie um die Frage, was geschieht, wenn ein machtbesessener Mensch hemmungslos seinen genialen Verstand benutzt.

»Die Räuber« – Freiheitsdrama des Sturm und Drang …

Man kann »Die Räuber« als ein typisches Drama des Sturm und Drang sehen, als leidenschaftlichen Protest gegen die Unterdrückung des Einzelnen durch die Mächtigen und als Darstellung „großer“ Menschen, wobei „groß“ nichts mit „gut“ zu tun hat.

Karl, der sich gegen die Herrschenden stellt, ist der verirrte, im Großen und Ganzen aber positive Held; sein heimtückischer und machthungriger Bruder **Franz** dagegen ist das Ekel. Beide wollen den Umsturz alter Strukturen herbeiführen, beide scheitern aber. Ob dieses Scheitern nun bedeutet, dass die Gesetze diesmal noch gesiegt haben oder dass Revolutionen überhaupt unmöglich sind, bleibt offen.

… oder Ideendrama?

Andere Interpreten sehen in dem Stück vor allem den **Zusammenprall von zwei Weltanschauungen**: Franz und Karl revoltieren beide gegen Autoritäten, aber **Karl** ganz als **idealistischer Rebell** und Weltverbesserer, **Franz** dagegen als intelligenter, aber bösartiger **Materialist**, der seinen Verstand dazu missbraucht, seinen schrankenlosen Egoismus zu rechtfertigen. Beide scheitern, Karl aber gewinnt innere Freiheit, indem er die äußere aufgibt und sich der Justiz stellt.

Die Handlung in Kürze

Der hoch begabte, aber undisziplinierte Karl Moor wird durch eine Intrige seines machthungrigen jüngeren Bruders Franz vom Vater verstoßen, gründet darauf eine Räuberbande, um gegen jede Art von Willkür zu kämpfen, stellt sich zuletzt aber der Justiz, während Franz Selbstmord begeht.

Maximilian, Graf von Moor, hat zwei Söhne: den liebenswerten, etwas leichtsinnigen **Karl** und den jüngeren **Franz**, hochintelligent, aber hässlich und bösartig.

Franz erreicht durch gefälschte Briefe, dass der Vater Karl enterbt und verflucht. Während der tief verletzte Karl mit seinem Kumpanen **Spiegelberg** zusammen eine Räuberbande gründet, treibt Franz mit der gefälschten Nachricht von Karls Tod den Vater in die Verzweiflung, sperrt ihn in einen Turm, gibt ihn für tot aus und übernimmt die Herrschaft. Vergeblich aber versucht er, **Amalia**, Karls Braut, für sich zu gewinnen.

Unter den Räubern bilden sich zwei Gruppen. Karl hilft den Armen, rächt unschuldig Verfolgte und straft korrupte Politiker und Anwälte, die Anhänger Spiegelbergs dagegen sind bloß brutale Kriminelle. – Als **Kosinsky**, ein junger Mann mit ähnlicher Lebensgeschichte wie Karl, zu der Bande stößt und durch seine Erzählungen Karl an Amalia erinnert, beschließt dieser, in die Heimat zurückzugehen. Unter falschem Namen kommt er ins Schloss, erkennt, dass Amalia ihn immer noch liebt, erfährt von Franz' Intrigen und schwört Rache, als er im nahen Wald den eingemauerten Vater entdeckt.

Franz muss erkennen, dass seine Pläne gescheitert sind, und erdrosselt sich. – Der alte Moor stirbt, als Karl sich als der Räuberhauptmann zu erkennen gibt. Karl bricht alle Brücken hinter sich ab, tötet sogar Amalia und stellt sich der Justiz.

Die Personen

Fünf Hauptfiguren tragen die Handlung: der alte Moor und seine beiden Söhne Karl und Franz, Amalia, die Geliebte Karls, sowie Spiegelberg, zunächst Karls Freund, später sein Gegenspieler. Im Zentrum aller steht Karl Moor.
Die Personen handeln in zwei unterschiedlichen Räumen: auf der einen

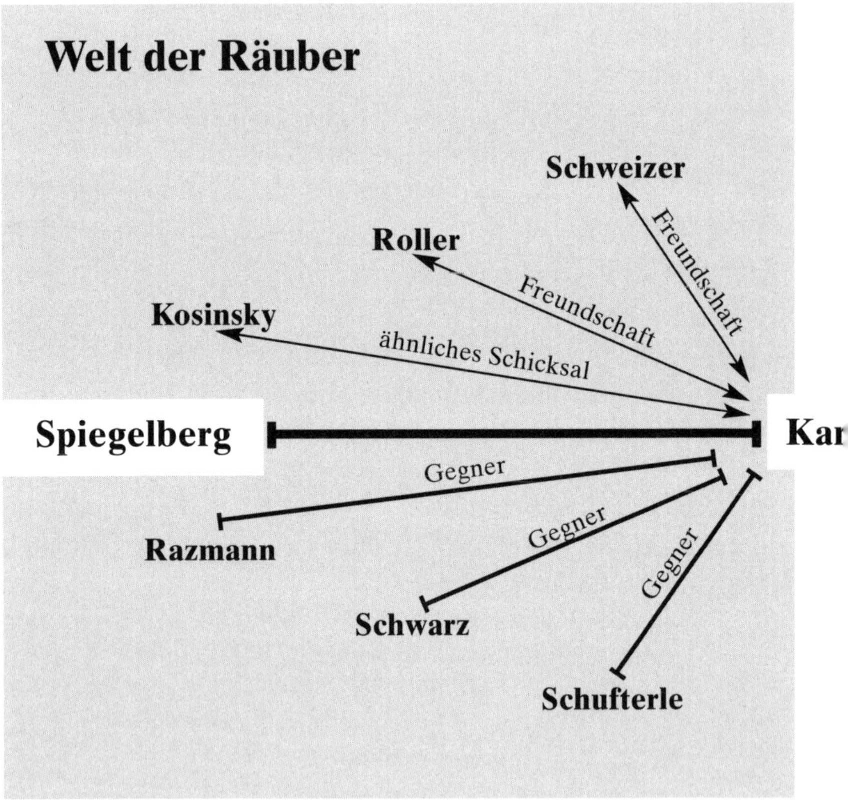

Seite steht **die Welt des Grafen Moor** (der alte Moor, Franz, Amalia, Hermann, Daniel), auf der anderen Seite **die Welt der Räuber** (Spiegelberg, Schweizer, Roller, Razmann, Kosinsky, Schufterle u. a.). Klammer zwischen beiden Räumen ist Karl. Es zeigt sich auch, wie sehr sich Franz isoliert: *Ich will alles um mich her ausrotten, was mich einschränkt* (S. 18/37 f.).

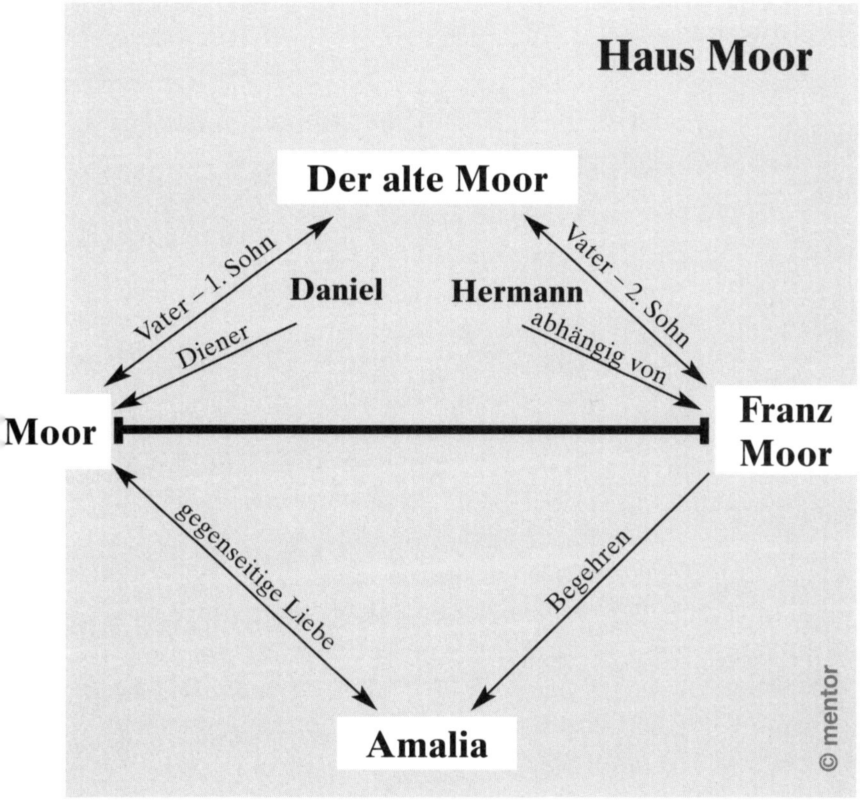

Die Handlung

Das Stück spielt Mitte des 18. Jahrhunderts, also etwa zu Schillers Zeit, in Deutschland (Franken, Sachsen und Böhmen). Die Handlung erstreckt sich über etwa anderthalb Jahre.

Bei der Uraufführung schien dem Mannheimer Theaterdirektor v. Dalberg der revolutionäre Gehalt des Stücks so gefährlich, dass er es in die Zeit um 1495 verlegte und in Ritterkostümen spielen ließ.

Das Stück wurde ein Riesenerfolg; die Zuschauer waren aber gar nicht wegen seiner revolutionären Töne so begeistert, sondern wegen der großen Gefühle, die hier gezeigt wurden.

Vorgeschichte

Karl Moor als Student

Der junge Karl Moor, Lieblingssohn des Grafen Maximilian, ein feuriger, hoch begabter junger Mann, hat als Student in Leipzig allerhand Unfug getrieben und Schulden gemacht, wofür er jetzt bestraft werden soll. Er bereut sein Handeln und gesteht in einem Brief alles seinem Vater in der Hoffnung, dass ihm verziehen wird, dass er aufs Schloss zurückkehren und an der Seite seiner geliebten Amalia glücklich werden kann. Dieser Brief aber wird von Karls Bruder Franz abgefangen und erreicht deshalb den Vater nie.

1. Akt

1. Szene: Der teuflische Plan von Franz

Der alte Moor, bereit seinem „verlorenen Sohn“ Karl zu verzeihen, wartet auf eine Nachricht von ihm. Franz, schon immer neidisch auf den bevorzugten Bruder, nutzt die Gelegenheit: Mit einem gefälschten Brief täuscht er dem Vater vor, dass Karl wegen eines (verbotenen) Duells steckbrieflich gesucht werde, und bringt den Vater dazu, seinen Lieblingssohn zu verfluchen. Den entsprechenden Brief an Karl verfasst er vorsichtshalber auch gleich selbst.

2. Szene: Karls Aufstand gegen die ganze Welt

In einer Kneipe wütet der „Kraftmensch“ Karl (s. S. 31) gegen die *tintenklecksende* (S. 19/6) Zeit, gegen das Kriechen vor den Fürsten, gegen ein heuchlerisches Christentum und ganz allgemein gegen die beengenden Gesetze, die *noch keinen großen Mann gebildet* (S. 20/28) haben. Spiegelberg, der wildeste unter Karls Kumpanen, spricht davon, eine Räuberbande zu gründen. Da erhält Karl den – von Franz verfassten – Brief des Vaters. Die Überzeugung, dass sein geliebter Vater ihn verstoßen hat, erschüttert ihn tief. Er sieht die ganze Welt in Unordnung und lässt sich von den Freunden mitreißen, Hauptmann einer Bande von Räubern und Mördern zu werden. Sie schwören einander Treue bis in den Tod. Spiegelberg allerdings ist wütend, dass nicht er zum Anführer gewählt worden ist.

3. Szene: Franz macht sich an Amalia heran

Franz versucht, Karl bei Amalia schlecht zu machen, die ihm zunächst deutlich ihre Abneigung zeigt. Er schmeichelt sich bei ihr ein, erzählt ihr dann, Karl habe ihren Freundschaftsring verpfändet und sei von seinen Lastern fast zerstört. Auf Amalias Einwand, so könne ihr Karl unmöglich geworden sein, erklärt er, er habe alles erfunden, um ihre Treue zu prüfen: Karl habe ihn gebeten, sich um sie zu kümmern, wenn er tot sei. Aber gerade diese Behauptung macht Amalia sicher, dass Franz gelogen hat. Sie jagt ihn davon.

2. Akt

1. Szene: Franz will den Vater beseitigen

Franz, überzeugt davon, dass ein Mensch nur ein Klumpen Fleisch sei und wie eine Maschine nach Belieben beherrscht werden könne, plant, seinen Vater durch Einwirkung auf seine Psyche, also durch Psychoterror, zu töten, um selbst Herr im Schloss zu werden: Reue über das, was er als Vater seinem Sohn Karl angetan hat, soll den Alten seelisch und körperlich zerstören.

Zur Ausführung seines Plans benutzt Franz Hermann, den unehelichen Sohn eines benachbarten Edelmanns, den er mit Hinweisen auf seine zweifelhafte Herkunft und mit dem gehcuchelten Versprechen, ihm Amalia zuzuführen, gefügig macht. Er übergibt ihm ein Paket mit gefälschten Dokumenten, die Karls Tod beweisen sollen.

Die psychologische Argumentation in Franz' großem Monolog enthält wörtliche Zitate aus Schillers Prüfungsarbeit an der Akademie »Über den Zusammenhang der tierischen Natur des Menschen mit seiner geistigen« (1780; vgl. dazu S. 22).

2. Szene: Die Intrige scheint erfolgreich

Amalia singt dem verzweifelten Vater Moor, der den Tod herannahen fühlt, das Abschiedslied Hektors vor. In diese melancholische Stimmung platzt Franz in Begleitung des verkleideten Hermann, der seine angeblichen Beweise für Karls Tod vorlegt. Amalia, zunächst fassungslos, versucht den sich mit Selbstvorwürfen quälenden alten Moor mit der Hoffnung auf das Jenseits zu trösten; auf seinen Wunsch hin liest sie ihm die biblische Erzählung von Jakobs Klage über den verlorenen Lieblingssohn Joseph vor; damit aber treibt sie ihn endgültig in die Verzweiflung. Der Vater fällt in Ohnmacht, Amalia und Franz halten ihn für tot und Franz triumphiert: Ganz offen zeigt er jetzt seinen Machthunger, der sich über jede Moral hinwegsetzt.

Das Lied von Hektors Abschied bezieht sich auf eine Szene aus dem 6. Buch von Homers »Ilias«: Hektor, der Sohn des trojanischen Königs Priamos, verabschiedet sich von seiner geliebten Frau Andromache, um sich dem entscheidenden Kampf gegen Achill zu stellen. Hektor wird von Achill, dem Enkel des Äakus (deshalb *Äacide*), getötet. Zwei Motive der Szene finden sich in dem Gedicht wieder:

- die den Tod (*Lethe:* Strom des Vergessens) überdauernde Liebe,
- der im Kampf fallende Held.

3. Szene: Glanz und Elend des Räuberlebens

In den böhmischen Wäldern zeigt Spiegelberg im Gespräch mit Razmann seine verbrecherische Gesinnung, die der von Franz verwandt ist; aus dem Bericht Razmanns dagegen wird deutlich, dass Karl in den zurückliegenden 11 Monaten seit der Gründung der Bande immer neben dem Gedanken an Rache auch den Willen zur ausgleichenden Gerechtigkeit demonstriert und sich somit als echter „edler" Räuber erwiesen hat.

Noch über diesen Willen zur Gerechtigkeit aber stellt Karl die Freundschaft: Um den verhafteten Roller zu befreien, opfert er eine ganze Stadt!

Im Gegensatz dazu stehen die aus bloßer Mordlust und Raffgier vollbrachten Greueltaten anderer Räuber, besonders Schufterles Kindermord. Karl muss erkennen, dass durch die Untaten einiger seiner Männer *seine schönsten Werke vergiftet* (S. 67/17 f.) sind: Er wollte ein Kämpfer gegen Unrecht sein, aber in seinem Namen ist furchtbares Unrecht begangen worden. Karl will die Bande verlassen, aber als er feststellen muss, dass sie von vielen Soldaten umzingelt sind, zeigt er sich als heldenhafter Führer. In seiner Begegnung mit dem Pater, dem Unterhändler der Obrigkeit, gegen die Moor zu kämpfen glaubt, macht er deutlich, worum es ihm geht: Er rechnet mit einem verlogenen Christentum ab, mit Egoismus und Korruption der Mächtigen. Seine Leidenschaft überträgt sich auf seine Männer, von denen keiner das Angebot der Obrigkeit annimmt, Moor auszuliefern und dafür selbst straffrei auszugehen. Karl legt sein Schicksal in die Hand seiner Männer (*Seht […], ich bin ganz wehrlos […] – Wer ist der erste, der seinen Hauptmann in der Not verläßt?*, S. 75/11 f.), gewinnt sie aber gerade dadurch ganz für sich.

3. Akt

1. Szene: Amalia wehrt sich erfolgreich gegen Franz

Amalia singt im Garten ein dem Geschmack der **Empfindsamkeit** (s. S. 29) entsprechendes sentimentales Lied. Franz nähert sich ihr, wird zudringlich und brutal, aber sie wehrt sich erfolgreich, trotz seiner heftigen Drohungen. Hermann, den sein schlechtes Gewissen plagt, teilt ihr mit, dass Karl noch lebt.

2. Szene: Karls Selbstzweifel

Die Szene *Gegend an der Donau* zeigt einen innerlich zusammengebrochenen Karl: Angesichts der Schönheit der Natur beklagt er seine verlorene Unschuld, sehnt sich nach dem Frieden der Kindheit zurück. Im Sonnenuntergang sieht er das Sinnbild seines eigenen Niedergangs.

Die Freundschaft Schweizers aber, wie auch das Bewusstsein, dass Roller im Kampf gegen die Obrigkeit (Szene II,3) für ihn gefallen ist, lassen Karl wieder zu seinen Männern zurückkehren, denen er noch einmal Treue schwört; denn Rollers Tod für ihn zwingt ihn nun selbst, seinerseits den anderen die Treue zu halten.

Ein junger Mann namens Kosinsky erscheint: Er möchte in die Bande aufgenommen werden. Karl versucht zunächst, ihn davon abzuhalten, aber Kosinskys Bericht überzeugt die Männer: So wie Karl ist auch er durch eine Intrige um seine Heimat und seine Geliebte, die ebenfalls Amalia heißt, betrogen worden. Bei der Nennung dieses Namens fasst Karl den Entschluss, nach Hause zu reisen und Amalia zu sehen.

4. Akt

1. Szene: Karl ist wieder zu Hause

Verkleidet als „Graf von Brand" betritt Karl wieder heimatlichen Boden. Noch immer erfüllt von dem Gefühl, die Unschuld der Kindheit verloren zu haben, begrüßt er die Heimat. Angstvoll und wehmütig sieht er der Begegnung mit Amalia entgegen.

2. Szene: Franz will Karl ermorden lassen

Während Amalia Karl nicht erkennt, hat Franz Verdacht geschöpft und trägt dem alten Diener Daniel auf, Karl zu töten. Die Weigerung Daniels, die aus seiner tiefen Frömmigkeit rührt, tut er mit einem Hinweis auf dessen Pflicht zu unbedingtem Gehorsam ab, und in einem Monolog enthüllt er wieder, wie schon am Anfang, seine gewissenlose materialistische Welt- und Menschensicht: *der Mensch entstehet aus Morast, […] und gärt wieder zusammen in Morast […]* (S. 97/31–40).

3. Szene: Daniel erkennt Karl

Karl erfährt von Daniel, der ihn gleich erkannt hat, dass Amalia ihn immer geliebt hat, aber auch, wie Franz gegen ihn intrigiert hat. Trotzdem will er fliehen: Er muss *vor Sonnenuntergang noch über den Grenzen sein* (S. 101/34 f.).

4. Szene: Karl und Amalia erkennen ihre Liebe

Die 4. Szene zeigt – wie auch I, 3 und III, 1 – wie stark das Stück noch von der Epoche der **Empfindsamkeit** beeinflusst ist (s. S. 29).

Amalia ist völlig verwirrt: Sie empfindet Liebe zu dem vermeintlichen Grafen von Brand, will aber ihrem Karl treu bleiben. In ihren Träumereien von einer im Jenseits erfüllten Liebe verschmelzen die beiden miteinander. Aber als Karl („Graf von Brand") ihr von seiner Amalia berichtet, die so unglücklich sei, weil sie einen Mörder liebe, kann Amalia triumphieren: Ihr Geliebter sei frei von aller Schuld. Karl, überwältigt von der Reinheit ihrer Liebe, ist tief beschämt und flieht.

5. Szene: Karl schwört, Franz zu bestrafen

Die Räuber lagern im Wald in der Nähe eines alten, verfallenen Schlosses. In ihrem Räuberlied besingen sie die absolute Freiheit des Verbrechers, der auch den Tod nicht fürchtet.

Spiegelberg beklagt sich über Karls Launenhaftigkeit und versucht, eine Meuterei gegen ihn anzuzetteln, wird aber von dem treuen Schweizer erstochen. Karl, müde und voller Selbstzweifel (*die Blätter fallen von den Bäumen – und mein Herbst ist kommen*, S. 109/7 f.), reagiert kaum darauf. Er sieht sein edles Räuberdasein verloren, und nach dem vergeblichen Versuch, mit einem Lied seine ursprüngliche Kraft, seinen Idealismus wiederzufinden, greift er zur Pistole, um seinem Leben in Freiheit ein Ende zu setzen, will sich aber dann doch seiner Verantwortung stellen und entschließt sich, sein Räuberleben bis zum Ende zu leben: *Nein! ich wills dulden! [...] Ich wills vollenden!* (S. 112/19 und 21).

Schiller greift in dem Gesang von Brutus und Caesar auf Plutarchs »Brutus« und Shakespeares »Julius Cesar« zurück: Dort erscheint vor der Schlacht von Philippi Caesars Geist seinem Mörder Brutus als dessen „böser Engel“ – am folgenden Tag stürzt Brutus sich in sein Schwert.

Karl sieht sich in dieser Szene wohl in einer ähnlich ausweglosen Situation wie Brutus angesichts der drohenden Niederlage.

Aus seinen tiefen Gedanken wird Karl durch eine Stimme aufgeschreckt: Es ist Hermann, der gekommen ist, um dem alten Moor etwas zu essen zu bringen. Karls Vater nämlich ist von Franz in eine Gruft dort im Wald geworfen worden, wo er verhungern soll. Hermann versorgt ihn heimlich.

Der Ton der Szene zwischen Hermann und dem alten Moor schwankt zwischen Märchen und Bibel und gibt der Szene etwas ungeheuer Feierliches.

Als Karl das Verbrechen an seinem Vater, dem er sich aus Scham nicht zu erkennen gibt, in seinem ganzen Ausmaß erfasst, schwört er, die Tat fürchterlich zu bestrafen, denn diese Untat sieht er als Ausdruck einer zerstörten Weltordnung: *Die Gesetze der Welt sind Würfelspiel geworden, das Band der Natur ist entzwei, [...] der Sohn hat seinen Vater erschlagen* (S. 116/14 ff.).

Die Räuber werden nun noch einmal zu Vollstreckern der Gerechtigkeit: Sie sollen die durch das Verbrechen an Karls

Vater so furchtbar zerstörte göttliche Weltordnung wieder herstellen. Schweizer, Karls bester Freund, schwört seinem Hauptmann, den verbrecherischen Bruder zu ergreifen und lebend zu ihm zu bringen.

5. Akt

1. Szene: Franz erdrosselt sich

Franz, von einem schrecklichen Traum vom Jüngsten Gericht gepeinigt, sucht bei Daniel Hilfe. Dessen Einwand, Träume kämen von Gott und seien eine Warnung und Aufforderung, Buße zu tun, tut Franz als *Pöbelweisheit, Pöbelfurcht* (S. 123/22) ab und lässt den Pastor Moser holen. Obwohl er vorgibt, sich über ihn lustig zu machen, gerät er durch die Äußerungen des Pfarrers in immer größere Panik. Pastor Mosers Warnung, dass „Gott" immer auch „Richter" bedeute und dass dieser Richter nicht zugeben werde, *daß ein einziger Mensch in seiner Welt wie ein Wütrich hause* (S. 126/21 f.), macht dem stolzen Gottesleugner Franz nun doch Angst. Als der Pfarrer sagt, die schlimmsten Verbrechen, die ein Mensch begehen könne, seien Vatermord und Brudermord, schickt Franz ihn in aufflackerndem Wahnsinn fort und befiehlt Daniel, alle Kirchenglocken läuten zu lassen.

Während man hört, wie draußen Schweizer dabei ist, in das Schloss einzudringen, versucht Franz vergeblich, in seiner Todesangst zu beten, trotzt aber schließlich allem *Pfaffengewäsche* (*diesen Sieg soll der Himmel nicht haben*, S. 129/32 f.), nimmt seine goldene Hutschnur und erdrosselt sich.

Schweizer, der erkennen muss, dass er zu spät gekommen ist, erschießt sich.

2. Szene: Karl stellt sich der Justiz

Im Gespräch mit seinem befreiten Vater lässt Karl sich unerkannt von diesem segnen. Den Tod Schweizers nimmt er kaum noch wahr.

Amalia wird herbeigeführt: Sie ist dem fliehenden Karl gefolgt und von umherstreifenden Räubern aufgegriffen worden. Karl will fliehen – als Verbrecher kann er nicht bei Amalia bleiben –, gibt sich dann aber doch auch seinem Vater als der überall gesuchte Räuber zu erkennen. Vor Entsetzen stirbt der alte Moor.

Amalia aber will auf Karl nicht verzichten. Als dieser nun tief bewegt glaubt, endlich Glück und Ruhe gefunden zu haben, erinnern ihn die Räuber an seinen Schwur (vgl. Szene III, 2: *Ich will euch niemals verlassen!*, S. 83/15 f.). Amalia muss erkennen, dass sie Karl nicht mehr für sich gewinnen kann. Damit ist ihr Leben sinnlos geworden. Da sie selbst nicht den Mut hat, Selbstmord zu begehen, bittet sie Karl, sie zu töten.

Was nun kommt, beschreibt **Schiller** selbst in seiner anonym erschienenen **Selbstrezension** nach der Mannheimer Uraufführung:

Karl, schreibt Schiller, *auch im größten Bedrängnis noch Mann, ermordet Amalien, die er nicht mehr besitzen kann, verläßt die Bande, die er durch dieses unmenschliche Opfer befriedigt hat, und geht hin, sich selbst in die Hände der Justiz zu überliefern*[1] und damit die Weltordnung wieder herzustellen:

Er will sich einem armen Tagelöhner gefangen geben und diesem damit zu dem hohen Lösegeld (1000 Louisdor) verhelfen, das auf die Ergreifung des Hauptmanns der Räuberbande ausgesetzt ist.

1 alle Zitate aus Schillers Selbstrezension zit. nach: Reclams Erläuterungen (s. S. 39), S. 156–172

Schillers Selbstrezension

Ostern 1782 veröffentlicht Schiller in der Zeitschrift »Wirtembergisches Repertorium« eine Selbstkritik[1] seines Stücks, und es gibt kaum eine Schwäche, die er hier nicht selbst aufgedeckt hätte. Dass er in der Lage war, kurz nach Fertigstellung des Werkes eine so selbstkritische Haltung einzunehmen, verdient wirklich Bewunderung: Immerhin war er zu diesem Zeitpunkt erst 23 Jahre alt!

Gut findet Schiller die Thematik: *nichts Interessanteres [...], als wenn Tugend und Laster aneinander sich reiben*, und die Sympathie des Zuschauers für Karl erklärt er damit, *daß wir dem, den die Welt ausstößt, unsere Tränen in die Wüste nachtragen.*

Heftig geht der Autor aber dann mit seinen eigenen Figuren ins Gericht. Mit Recht fragt er, warum Franz, *aufgewachsen im Kreis einer friedlichen, schuldlosen Familie* so böse ist. Andererseits findet er aber, dass sein Franz *ein eigenes Universum* sei, ganz übereinstimmend mit sich selbst.

Dagegen lässt er anfangs kaum ein gutes Haar an Amalia (*Ich habe mehr als die Hälfte des Stücks gelesen und weiß nicht, was das Mädchen will [...], ahnde auch nicht, was etwa mit ihr geschehen könnte*); allerdings meint er, dass die Szene *Im Garten* (IV, 4) *ein wahres Gemälde der weiblichen Natur* sei. – Den alten Grafen dagegen findet er unmöglich, *klagend und kindisch, einfältig, mehr Betschwester als Christ.*

Abschließend bescheinigt Schiller seinem Stück *Schönheiten* und *kolossalische Fehler*. Später[2] weist er selbstkritisch darauf hin, dass er in den »Räubern« Menschen gestalten wollte, ohne schon Menschen zu kennen.

1 Selbstrezension (s. S. 17)
2 1784 in der Zeitschrift »Rheinische Thalia«

Nach der Lektüre der Inhaltsangabe wissen Sie nun auf jeden Fall, was in den »Räubern« alles passiert; manche Szenen erinnern beinahe an Robin Hood, den Schiller ja auch kannte: So wie der berühmte Räuber aus dem Sherwood Forest will Karl Moor mit seinen Leuten die Mächtigen für das Unrecht bestrafen, das sie dem Volk antun – aber hat uns das heute wirklich noch etwas zu sagen? Gibt es in dem Stück noch anderes, Wichtigeres als diese an manchen Stellen doch fürchterlich unwahrscheinliche und unlogische Räubergeschichte mit dem alten Mann und der jungen Frau, die beide so naiv sind, dass sie auf die dümmsten Tricks des bösartigen Franz hereinfallen? Und das Ganze dann auch noch in einer Sprache, die uns heute doch schon sehr fremd geworden ist!

Informationen über den Autor und seine Zeit …

Nun, auf den folgenden Seiten, werden Sie hoffentlich eine Antwort finden. Sie bekommen zunächst einige Informationen über das Leben Schillers, seine Zeit und seine Hauptwerke; vielleicht werden Sie nicht immer alles brauchen (das hängt auch davon ab, welche Schwerpunkte im Unterricht gesetzt werden), aber Sie können sich damit auf jeden Fall ein besseres Bild von dem Autor machen.

… und zum Textverständnis

In den weiteren Kapiteln finden Sie Informationen zu den »Räubern« selbst – über die sprachliche Form und die literarische Gattung, über Schillers Quellen und die verschiedenen Fassungen des Stückes etc., aber auch Wort- und Sacherklärungen sowie weiterführende Lesetipps. Ein Teil der Informationen steht dabei auf Doppelseiten – das ist übersichtlich, manchmal allerdings auch sehr komprimiert. Wenn Sie aber so eine Doppelseite durchgearbeitet haben, dann haben Sie eine gute Grundlage!

Es folgt dann als wichtigster Teil des Buches eine Interpretation. Das abschließende Kapitel mit typischen Aufgaben und Lösungsansätzen wird Ihnen im Schulalltag bestimmt sehr nützlich sein.

Friedrich Schiller
*** 10. 11. 1759 in Marbach/Neckar**
† 9. 5. 1805 in Weimar

Schiller gilt als der große deutsche Dramatiker der Klassik, der „deutsche Shakespeare“, der in seinen Dramen den Einzelmenschen im tragischen Konflikt mit der Geschichte und der Weltpolitik sieht.

1759 Kindheit in Lorch und Ludwigsburg, fromme Mutter, soldatisch strenger Vater, den der Sohn fürchtet und bewundert. Erster Berufswunsch: Pfarrer.

1773 **Herzog Karl Eugen**, der absolutistische Herrscher in Württemberg, hört von der Begabung des 14-jährigen Schiller und zwingt ihn, in die Militärakademie (später „Karlsschule“) einzutreten, ein anspruchsvolles, aber streng militärisch geführtes „College“ für die künftigen Offiziere und Beamten des Landes. Schiller studiert Jura, dann Medizin (1780 Regimentsarzt) und leidet sehr unter dem tyrannischen Regiment des Herzogs: kaum Kontakt mit den Eltern, keine Privatsphäre, Schnüffelei, Drill (täglich 9 Stunden Unterricht, Bettruhe von 21–5 Uhr), ständige Strafen. In seinem Lehrer **Abel** (erst 21 Jahre alt!) findet er aber einen bewunderten Förderer: Anleitung zum Selbstdenken, Einblick in die Psychologie (die die Abhängigkeit der Seele vom Körper untersucht).

Das Erlebnis der Freundschaft während des Studiums und glühender Freiheitswille bringen das erste Drama hervor: »Die Räuber« (1781).

1782 Der Herzog verbietet jede weitere Beschäftigung mit Literatur und Kontakte mit dem Ausland; Schiller flieht daraufhin nach Mannheim (damals bereits „Ausland“), hofft auf den Intendanten **v. Dalberg** (s. S. 8), der ihm diesmal aber nicht weiterhilft.

1782 Hungerjahre; zuerst in Oggersheim, später Zuflucht bei **Frau von Wolzogen** (Landgut Bauerbach bei Meiningen); schließlich von Dalberg nach Mannheim zurückgeholt (nach Einsendung von »Kabale und Liebe«, s. S. 22), Anstellung als Theaterdichter; dennoch weiterhin große finanzielle Probleme.

1785-87 Leipzig, Dresden; dann Umzug nach Weimar, Bekanntschaft mit **Charlotte von Lengefeld**, seiner späteren Frau; erstes Zusammentreffen mit **Goethe**, zunächst aber sehr distanziert.

1789 Geschichtsprofessor in Jena (auf Goethes Veranlassung); große historische Schriften.

1790 Hochzeit; kurz danach lange Lungenkrankheit, große finanzielle Probleme; Hilfe durch Freunde; Philosophiestudium in Dresden, Bekanntschaft mit der Philosophie **Kants.**

1794 Beginn der Freundschaft mit Goethe, große literarische Produktivität.

1799 Nach Vollendung des »Wallenstein« Umzug nach Weimar (näher am Theater und bei Goethe!); eigentliche „klassische“ Periode (Dramen!).

1804 Letztes Theaterstück (»Wilhelm Tell«); Erhebung in den Adelsstand.

1805 Schwere Erkrankung, Tod am 9. Mai. Er hinterlässt seine Frau und vier Kinder.

Schiller hat ein umfangreiches und vielfältiges Werk hinterlassen: nicht nur Theaterstücke, sondern auch Gedichte, Balladen, Erzählungen sowie bedeutende historische, philosophische und politische Schriften.

Einige (lyrische) Werke hat er in direktem Wettbewerb mit **Goethe** (Balladen) oder zusammen mit diesem geschrieben (philosophische Gedichte »Xenien«).

Sein Werk, anfangs noch von Elementen des **Barock**, der **Empfindsamkeit** und der **Aufklärung** beeinflusst, lässt sich zwei literarischen Epochen zuordnen: das **Frühwerk** (bis »Don Carlos«) dem **Sturm und Drang** (s. S. 28 ff.), die **Hauptwerke** der **Klassik**.

1772–76 Erste Versuche mit Theaterstücken; während der Zeit in der Karlsschule viele Gedichte, die er seinen Mitschülern vorträgt; er sieht sich als Dichter und Vorkämpfer einer allgemeinen künftigen Freiheit.

1777–80 »Die Räuber« (Aufführung 1782).

»Über den Zusammenhang der tierischen Natur des Menschen mit seiner geistigen« (Prüfungsarbeit); Grundidee ist der *merkwürdige Beitrag des Körpers zu den Aktionen der Seele*[1], also der Einfluss der körperlichen Beschaffenheit eines Menschen auf Seele und Geist (vgl. Franz Moor).

1781–83 »Die Verschwörung des Fiesco zu Genua« (Tragödie). Genuas Befreier von Tyrannei wird selbst zum Tyrannen.

»Kabale und Liebe«. Intrigen („Kabalen") der moralisch verkommenen Hofwelt zerstören reine Liebe zwischen Bürgermädchen und Adligem; hef-

1 zit. nach: Glaser, Hermann/Lehmann, Jakob/Lubos, Arno: Wege der deutschen Literatur, Darmstadt 1962, S. 189

tige Anklage gegen Tyrannei eines Kleinstaat-Fürsten und gegen den Verkauf von Untertanen als Soldaten.

1785 »Ode an die Freude« (*Freude, schöner Götterfunken*), vertont von **Beethoven** (9. Sinfonie).

1786 »Der Verbrecher aus verlorener Ehre« (Kriminalerzählung).

1787 »Don Carlos« (politische Tragödie). Brauchen die Völker Freiheit oder Zwang?

1788 Historische und kunsttheoretische Abhandlungen, philosophische Gedichte.

1796–98 Mit **Goethe** zusammen: »Xenien« (philosophische Gedichte).

Balladen: »Kraniche des Ibykus«, »Der Taucher«, »Der Handschuh«, »Die Bürgschaft« (Ballade von Freundschaft und Treue).

1799 »Das Lied von der Glocke« vollendet.

1800 »Wallenstein« (dreiteilige Tragödie, Schillers Hauptwerk). Tragödie des kaiserlichen Oberbefehlshabers im Dreißigjährigen Krieg, der in dem Augenblick ermordet wird, als er zum Feind (Schweden) überlaufen will; Symbolgestalt des Dämonischen in der Geschichte.

1800 »Maria Stuart« (Tragödie). Zwei gegensätzliche Frauen, zwei gegensätzliche Prinzipien: Katholizismus und Protestantismus, Liebe und Macht.

1801 »Die Jungfrau von Orléans«. Tragödie um die französische Nationalheldin Jeanne d'Arc.

1804 »Wilhelm Tell«. Schauspiel um den Schweizer Nationalhelden, der für die Befreiung des Volkes den Mord an dem verhassten Tyrannen auf sich nimmt.

1. Akt	2. Akt	3. Akt

Wende

Intrige und Rache –
Zerstörung der Weltordnung

1. Handlungsstrang: Konflikt Graf Moor – Franz

1. Akt	2. Akt	3. Akt
Steigende Handlung: Franz' Intrige aus Machthunger	*Itzt bin ich Herr!* Franz scheint am Ziel: der Vater und Karl sind ausgeschaltet	**Rückschlag:** Amalia lässt sich nicht von Karl abbringen

2. Handlungsstrang: Konflikt Graf Moor – Karl

1. Akt	2. Akt	3. Akt
Steigende Handlung: Karls Ekel an der Zeit; tiefe Enttäuschung über den Vater	Räuberleben negativ: Spiegelberg, Schufterle positiv, aber auch maßlos: Karl	**Abfallende Handlung:** Karl resigniert, will zurück nach Hause

4. Akt

5. Akt

Weltgericht –
Wiederherstellung der Weltordnung

Drama der Zerstörung aller familiären Bindungen → Familienstück

Kurzes Zusammentreffen beider Handlungsstränge: Karl im Schloss

Handlung scheint zu Ende:
Franz will Karl töten lassen
Moment der letzten Spannung:
der Anschlag scheitert; Befreiung des alten Moor

Katastrophe
1. Handlungsstrang:
endgültiges Scheitern der Intrige – Franz tötet sich

Drama der enttäuschten Liebe zum Vater → Räuberstück

Handlung scheint zu Ende:
Karl will sich das Leben nehmen
Moment der letzten Spannung:
Ich wills vollenden.
Karl trifft mit dem befreiten Vater zusammen

Katastrophe
2. Handlungsstrang:
Tod des Vaters, Tötung Amalias; Karl stellt sich der irdischen Justiz

Merkmale

(dramatischer) Kraftstil des Sturm und Drang (s. S. 28 ff.)

••• maßlos, ungebändigt, explosiv, wild, laut; vorwärtsdrängend → pathetisch ••

••• großer Bilderreichtum, oft gewaltig übertrieben ••

••• Kraftausdrücke, vor allem aus der Medizin und der Sexualität ••

••• Ausrufe, Flüche, Schreie, Seufzen, Stöhnen ••

••• schwäbischer Dialekt: Satzbau, Wortwahl ••

(lyrischer) sentimentaler Stil der Empfindsamkeit (s. S. 29)

••• *blumig* (Schiller selbst), musikalisch, lyrisch ••

••• zahlreiche biblische Anklänge, z. B. in der Rede des Paters II, 3; „Gedankenreime" des Alten Testaments (je 2 Teilsätze beginnen gleich, z. B.: „Wenn du ... dann ... / wenn du nicht ... dann ... nicht" etc.) ••

••• gefühlvoll ••

wissenschaftlicher Stil des Mediziners und Juristen Schiller

••• erörternd in logischer Beweisführung ••

••• Fachausdrücke ••

••• Nominalstil: vor allem abstrakte Nomen wie Tugend, Laster usw. in den Reden von Franz (statt Verbalstil des Sturm und Drang) ••

Textbeispiele

●●●●●● *[…] wenn Blutliebe zur Verräterin […] wird, o so fange Feuer, männliche Gelassenheit, verwilde zum Tiger, sanftmütiges Lamm, und jede Faser recke sich auf zu Grimm und Verderben!* (S. 31/24–28)

●●●●●● *Oh ich möchte den Ozean vergiften, daß sie den Tod aus allen Quellen saufen!* (S. 31/37 f.); *Der milzsüchtige […] Moralist von einem Gewissen mag runzligte Weiber aus Bordellen jagen* (S. 97/36–38)

●●●●●● *das schlappe Kastratenjahrhundert* (S. 19/35); *[wie andere Nonnen] die Stube […] besprenzten* (S. 56/33 f.)

●●●●●● *Hölle und Teufel!* (S. 20/21) – *Ins T-ls Namen!* (S. 129/5)

●●●●●● Daniels Erzählungen in IV, 3 (*Öhrn, am gernsten*)

●●●●●● *Himmlischer Trost quillt von deinen Lippen!* (S. 52/36); *[…] ich will ihm entgegen mit meinen Tränen, meinen schlaflosen Nächten, meinen quälenden Träumen […]* (S. 131/23 f.)

●●●●●● *<u>Ich sollte</u> schweigen auf ewig – <u>denn er ist</u> Euer Sohn; <u>ich sollte</u> seine Schande verhüllen auf ewig – <u>denn er ist</u> mein Bruder.* (S. 9/26 ff.; Unterstreichung vom Autor)

●●●●●● *Daß ich wiederkehren dürfte in meiner Mutter Leib!* (S. 82/10); *Vaterlandssonne! – und Fluren und Hügel und Ströme und Wälder!* (S. 89/11 f.)

●●●●●● Franz, z. B. in S. 41/6–15, S. 16/29–17/12

●●●●●● *des Zergliederers Messer; korrosivische[s] Gift* (S. 41/34 f.)

●●●●●● *[…] Mediziner lehren mich, wie treffend die Stimmungen des Geistes mit den Bewegungen der Maschine zusammenlauten […]; Dissonanz der mechanischen Schwingungen* (S. 40/23)

Im Allgemeinen gelten »Die Räuber« als ein Drama des **Sturm und Drang**, insbesondere wegen der typischen Motive (feindliche Brüder, Autorität des Vaters) und der wilden, kraftvollen, pathetischen Sprache.

Der Sturm und Drang (Name nach dem gleichnamigen Schauspiel von Maximilian Klinger, 1776, Höhepunkt zwischen 1773 und 1784), wird heute als späte Phase der **Aufklärung** angesehen, der beherrschenden geistigen Strömung der Zeit zwischen 1690 und 1790.

Der Philosoph Immanuel **Kant** und der Dichter Gotthold E. **Lessing** haben die **Aufklärung** entscheidend geprägt: Neuer **Mut, sich seines eigenen Verstandes zu bedienen,** statt sich auf Autoritäten zu berufen (Kant), und allmähliche **Befreiung des Bürgertums vom Adel** (Lessing, z. B. in »Emilia Galotti«) sind herausragende Tendenzen der Aufklärung. Darauf bauen die **„Stürmer und Dränger"** auf, **wenden sich** aber **gegen die Überbetonung des Intellekts** und **fordern die Herrschaft des Gefühls.**

Die Epoche wird oft als „Geniezeit" bezeichnet: Das empfindende, schöpferische Genie, der Erfinder (keineswegs aber nur der Höchstbegabte wie im heutigen Wortverständnis!), wird höher bewertet als der kritische Denker. Das Genie ist von Gott begnadet und eifert Gott nach, ohne ihn nachzuahmen. Symbol dafür ist Goethes »Prometheus« (*Hier sitz ich, forme Menschen nach meinem Bilde …*[1]). Der geniale Dichter, zugleich der Schöpfer, ist einmalig, erhebt sich über die anderen Menschen, schafft Neues, nie Dagewesenes und gibt sich selbst aus innerem Drang die Gesetze.

Obwohl der **Sturm und Drang** wie die **Aufklärung** die Mündigkeit und Verantwortung des Einzelmenschen betont und die Regierenden z. T. heftig angreift, steht er andererseits doch

1 J. W. Goethe, Prometheus, Z. 52 f. (Unterstreichung vom Autor)

auch in völligem Widerspruch zum Geist der Aufklärung, der er vorwirft, dass sie die Gefühle des Menschen so wenig beachtet habe. Dem **Verstand** werden deshalb im Sturm und Drang **Herz, Gefühl, Ahnung und Trieb** gegenübergestellt.

Der für uns heute manchmal kaum erträgliche Gefühlsüberschwang, wie er sich z. B. bei Amalia äußert, hat seine Wurzeln in der **Empfindsamkeit**, einer Epoche, die aus dem **Pietismus** hervorging und sich parallel zur Aufklärung entwickelte.

Der **Pietismus** ist eine bürgerliche Antwort auf die offiziellen lutherischen Landeskirchen, die eng an den absolutistischen Staat gebunden waren und die freie Entfaltung religiöser Gefühle unterdrückten. Die Pietisten wandten sich gegen religiöse Erstarrung, betrieben eine intensive Selbstanalyse und Seelenschau, und ihre persönliche Frömmigkeit ließ einen bis zur Rührseligkeit gehenden Seelen- und Freundschaftskult entstehen. Die noch im Barock verpönte Kundgabe persönlicher Gefühle wurde zu einer Mode – der Bürger entdeckte seine Seele und schüttete sein übervolles Herz vor allem in Briefen aus. Folgerichtig wurde der Briefroman (vgl. Goethes »Die Leiden des jungen Werthers«) zur beherrschenden literarischen Form.

Die **Empfindsamkeit** ist geprägt von dem Glauben an die Vollkommenheit der Welt. Die Dichter gehen intensiv auf seelische Stimmungen ein. Die „schönen Seelen" der Empfindsamkeit sind menschenfreundlich, optimistisch, moralisch, tolerant, natürlich – „lieb und fromm …".

Während die **Natur** in der Aufklärung wissenschaftlich-sachlich erforscht wurde, sieht der Sturm und Drang in ihr das Göttliche; der Naturmensch wird dem gebildeten Kulturmenschen als etwas Höheres gegenübergestellt. Urheber des Kults um den „natürlichen Menschen" war der französische Philosoph und Schriftsteller Jean-Jacques **Rousseau**. Er vertrat die These, dass alles gut sei, was aus der Hand des Schöpfers komme, während es unter den Händen des Menschen verderbe. Die Zivilisation sieht er als die Ursache allen Übels an.

Die zornigen jungen Männer der Epoche, die Rousseaus für den absoluten Staat gefährliche Freiheitsideen aufgriffen, erregten Aufsehen mit ihrem ungeheuren Pathos und ihrem Genie … Sie liebten unschuldige Kinder, schlichte Frauen, Bauern, Handwerker, Kleinbürger und urwüchsige Kraftgestalten wie Götz von Berlichingen und protestierten gegen die Unterdrückung des Bürgers durch die absolutistischen Fürsten. Meist blieben aber sowohl die Sympathien als auch die Proteste auf dem Papier; denn die politischen Verhältnisse (Kleinstaaterei, Machtmissbrauch der Fürsten, Rechtsunsicherheit, Zensur) erlaubten es den Schriftstellern nicht, sich wirklich ins politische Leben einzumischen, sodass sie ihren Tatendrang in ihren Werken befriedigen mussten.

Der **Sturm und Drang** blieb immer **eine rein literarische Revolution**, die nicht von einer revolutionären politischen Bewegung im Volk getragen wurde. Die tragischen Helden der Epoche (Karl Moor, Werther, Götz) müssen erkennen, dass ihr innerer Drang, die Welt im Sinne größerer Menschlichkeit und Gerechtigkeit zu verändern, im praktischen Leben scheitern muss.

Der bedeutendste **Roman** der Epoche ist **Goethes** Briefroman »Die Leiden des jungen Werthers«: Mit dem Sturm von Leidenschaften, Gesellschaftskritik und tiefer Natursehnsucht verband er die neue Modewelle der Empfindsamkeit. Die tragische Geschichte um den unglücklich verliebten Werther traf offenbar den Nerv der Zeit – der Roman hatte einen sensationellen Erfolg in ganz Europa (und außerdem eine verheerende Wirkung auf junge Leute: In Nachahmung des unglücklichen Selbstmörders Werther gab es eine ganze Welle von Selbstmorden …).

Seine **Höhepunkte** erlebte der Sturm und Drang jedoch in der **Lyrik** (vor allem bei Goethe) und im **Drama**.

Die **Lyrik** wird durch **Goethe** endgültig zur Erlebnisdichtung, in der das eigene Leben verarbeitet wird.

✔ Das **Drama** gestaltet als **Hauptthema** den **Konflikt zwischen dem Naturmenschen und der Kultur** der Zeit

- als Kampf um Freiheit und Bürgerrechte (Schiller: »Kabale und Liebe«, »Die Verschwörung des Fiesco zu Genua«),
- als Auseinandersetzung mit der Gesellschaft (Goethe: »Götz von Berlichingen«, Schiller: »Die Räuber«),
- als Kampf gegen eine verlogene Sexualmoral (Lenz: »Die Soldaten«) oder
- als Kampf für natürliche Religion und moralische Ordnung (»Die Räuber«).

Vorbild der Dramatiker war **Shakespeare**.

✔ **Kennzeichen der Sturm-und-Drang-Dramen**

- **Statt der klassischen drei „Einheiten“** des Ortes, der Zeit und der Handlung (s. S. 34) **„Einheit der Charaktere“** (Lenz) – der Charakter wird Zentrum und auslösendes Element des Dramas.
- **Verherrlichung der Kraft(kerle):** „Kraft-Stil“ (s. S. 26), oft gekennzeichnet durch unvollständige Sätze (extrem bei Lenz); Häufung von Ausrufen, Flüchen und Schreien (einzigartige Rolle des Ausrufezeichens!).
- **Bekenntnis zur Leidenschaft**, zu unbedingter Liebe und glühendem Hass, zur Freundschaft wie zur Intrige, **zum Schauerlichen, Krassen, Monströsen**, zu brutaler Gewalt, aber auch zu **zarter Empfindung**.
- Handlungen oft sehr zerrissen, Zusammenhänge eher durch Zufälle als durch planvolles Vorgehen.
- Statt Versform fast immer (Ausnahme: Goethes »Urfaust«) eine **Prosa, die sich bewusst der Alltagssprache nähert**, aber auch mit Übertreibungen und oft schwülstigen Bildern.

Wir finden in Schillers erstem Schauspiel neben den Elementen des **Sturm und Drang** auch Motive aus dem **Barock**, der **Empfindsamkeit** und der **Aufklärung**.

Elemente des Sturm und Drang

Formal

- Loslösung von den Regeln für das Drama
- an vielen Stellen maßlose Sprache und Übertreibungen (s. S. 26 und 31)

Inhaltlich

- Revolutionsstimmung
- Freiheit
- Kraftmeiertum
- Lust, „große Männer" zu zeigen, auch große Bösewichte
- Verachtung des Alltagslebens
- Freundschaft, Treue

Elemente anderer Epochen

Barock (17. Jh.)

- Lust an der „großen Oper" mit all ihrem Prunk
- Denken in Gegensätzen (Gegensatz Mensch/Gott, Lebenslust/Todesangst)

Pietismus und Empfindsamkeit (s. S. 29)

- Frömmigkeit und Gefühlsreichtum, z. B. bei **Klopstock** (1724–1803)

Aufklärung (s. S. 28)

- der Mut, sich seines eigenen Verstandes zu bedienen

Beispiele

- Verzicht auf die „drei Einheiten“ (s. S. 34)
- z. B. S. 20/4–35; S. 30/21–29; S. 31/17–32/21; S. 33/3–17; S. 41/16–36; S. 52/1–11; S. 69/38–70/34; S. 138/12–15
- vor allem in der Erstfassung (s. S. 48 f.), aber auch I, 2 (S. 20/4–35) oder II, 3 (S. 71/31 ff.; S. 72/15 ff.)
- *Freiheit brütet Kolosse und Extremitäten aus* (S. 20/27)
- *Ich fühle eine Armee in meiner Faust.* (II, 2; S. 75/23)
- Karl, Franz; vgl. auch S. 12/9
- I, 2: S. 19/35 ff., S. 20/24 ff., S. 27/31 ff.
- S. 33/18 f.; Rettung Rollers durch Karl; Treue der Amalia
- überquellende Bilder, Aktionsreichtum, große Gefühle
- Freiheit/sittliche Ordnung; Tugend/Laster; Tugend/Verbrechen; Schönheit/Hässlichkeit; auch die beiden Hauptfiguren (Typen aus dem Welttheater des Barock)
- Amalia habe *zu viel im Klopstock gelesen*, schreibt Schiller selbst (in seiner Selbstrezension, s. S. 18)
- Franz als – gewissenloser – Aufklärer

Als Schiller begann, »Die Räuber« zu schreiben, war er gerade 18 Jahre alt, also sicher nicht in dem Alter, in dem man sich gern an feste Regeln, an vorgefertigte Muster hält – besonders nicht in einer Zeit, die das Genie verherrlicht, das sich selbst die künstlerischen Regeln gibt. Und gerade für das Theater gab es ja ganz feste **Regeln**, die man von den Franzosen übernommen hatte: Der deutsche Dichter und damalige Literaturpapst Johann C. **Gottsched** (1700–1766) hatte in seinem Hauptwerk »Versuch einer kritischen Dichtkunst« (1729) festgelegt, dass die Regeln der französischen Dichtung auch für die deutsche Dichtung zu gelten hätten. Schönheit war nach diesen Regeln gleichbedeutend mit **Ordnung und Maß** in Sprache und Form.

Für das **Theater** galten z. B. die **drei Einheiten**:

- die **Einheit des Ortes** (das Stück darf nur an einem einzigen Ort spielen),
- die **Einheit der Zeit** (alles muss sich innerhalb von höchstens 24 Stunden abspielen) und
- die **Einheit der Handlung** (nur eine Handlung, keine Nebenhandlungen, Abschweifungen etc.).

Das nach diesen Regeln geformte Drama (nach dem griechischen Philosophen und Theatertheoretiker Aristoteles nannte man es **„aristotelisches Drama“**) hatte auch einen weitgehend verbindlichen

Musteraufbau (5 Akte in symmetrischem Aufbau):

1. Akt: **Exposition:** Einführung der Personen, des Konflikts, der Voraussetzungen
2. Akt: **Steigende Handlung**, Verwicklungen, **Knoten**
3. Akt: **Höhepunkt**, Umschwung, **Peripetie**
4. Akt: **Fallende Handlung**, Moment der letzten Spannung, **retardierendes Moment:** doch noch glückliches Ende?
5. Akt: **Auflösung, Katastrophe**, Tod

Der junge Schiller hatte wie mancher seiner Zeitgenossen mit solchen Regeln nichts im Sinn – seine aufgestaute Wut, sein

Freiheitswille konnten sich nicht in eine vorgegebene Form pressen lassen: Er brauchte ein Ventil.

Aus dem Schaubild S. 24/25 können Sie schon erkennen, wie wenig er sich an die Regeln hält: Zwar hat das Stück, das er selbst nicht „Tragödie“, sondern „Schauspiel“ nennt, 5 Akte, und der 1. Akt enthält die Exposition, der 5. die Katastrophe, aber um die anderen Regeln kümmert er sich nicht sehr.

Abweichungen von den Regeln in den »Räubern«

- Der **Spannungsaufbau** ist **nicht symmetrisch:** fallende Handlung schon von Beginn des 3. Akts an, der ganz untypisch kurz ist: nur 2 Szenen.
- Das Stück hat **zwei Handlungen**, die bis zum 4. Akt nebeneinander laufen, sich kurz berühren, dann aber wieder trennen, dazu noch **kleinere Nebenhandlungen** (Spiegelberg-Intrige, Kosinsky-Geschichte).
- Es gibt **viele (Neben-)Personen**.
- Das Stück spielt an **verschiedenen Orten**.
- Die Handlung läuft sprunghaft ab und umfasst eine **Zeit von etwa anderthalb Jahren**.
- Die Sprache enthält **Elemente der Alltagssprache**.

Dabei hat Schiller noch besonders effektvolle dramatische Möglichkeiten ausgelassen: Franz und Karl treffen nicht einmal aufeinander, man hört nur kurz (4. Akt), dass sie sich gesehen haben. Was hätte das für eine Szene geben können!

Formal sind »Die Räuber« also nicht dem (späteren) Drama der deutschen Klassik verwandt, sondern Stücken wie den »Soldaten« von **Lenz** (Mini-Szenen, ständiger Schauplatzwechsel, Handlungsabweichungen, Alltags-, sogar Umgangssprache und Dialekt), **Goethes** »Götz von Berlichingen« (Ortswechsel, Perspektivwechsel, kurze und lange Szenen) und selbst **Büchners** »Woyzeck« (von 1836!).

Schillers Hauptquelle war wahrscheinlich die Erzählung »Zur Geschichte des menschlichen Herzens« von Christian Friedrich Daniel **Schubart** (1775). Schubart, ein witziger und respektloser Dichter, war von **Herzog Karl Eugen** ohne Urteil in Festungshaft genommen worden und blieb zehn Jahre eingekerkert. Dieses Unrecht hat auf Schiller tief gewirkt.

1615	beendete Miguel de **Cervantes** seinen »Don Quixote«; der darin vorkommende Räuber Roque dient Schiller als Modell für die Figur des Karl.
1761	wird in Schwaben der so genannte **„Sonnenwirt“** Friedrich Schwan verhaftet (übrigens durch den Vater von Schillers Lehrer Abel!) und kurz darauf hingerichtet. Er hatte, nachdem er für kleinere Vergehen übermäßig hart bestraft worden war, einen fürchterlichen Rachefeldzug als Anführer einer Räuberbande unternommen.
1775	»Zur Geschichte des menschlichen Herzens« (s. o.) Die Erzählung handelt von zwei ungleichen Brüdern. Carl sucht beim Vater Verzeihung für ein paar Jugenddummheiten, was Wilhelm verhindern kann; Carl wird nun Helfer bei einem Bauern und kann eines Tages seinen Vater aus den Händen von Mördern retten, die Wilhelm beauftragt hat, weil er das väterliche Vermögen haben will. Am Ende verzeiht Carl sogar seinem mörderischen Bruder.
1775	Maximilian **Klinger** veröffentlicht »Die Zwillinge« (Motiv: feindliche Brüder) und das Ritterstück »Otto« (Handlungskern: Vater liebt den verstoßenen älteren Sohn Karl viel mehr als den „Schleicher“ Konrad).
1775	»Julius von Tarent«, von Johann A. **Leisewitz** (ebenfalls Motiv der ungleichen Brüder – Schiller kannte große Teile davon auswendig).

Von den »Räubern« existieren mehrere Fassungen, weil Schiller das Stück ein paar Mal umgeschrieben hat – oder umschreiben musste …

1790 Beendigung des Manuskripts der »Räuber«.

1781 Schiller lässt eine gemilderte Fassung als »Die Räuber. Ein Schauspiel« auf eigene Kosten veröffentlichen. Wir zitieren in diesem Buch aus dieser Fassung: Sie gilt heute als die maßgebende, weil Schiller seine Absichten darin noch ohne Rücksicht auf Zensur, Publikumsgeschmack und Intendantenängste verwirklicht hat.

1782 2. Auflage, geringfügig geändert, mit dem berühmt gewordenen Motto *in tirannos* (gegen die Tyrannen) auf dem Titelblatt.

1782 Im »Mannheimer Soufflierbuch«, dem Text, der tatsächlich bei der Uraufführung gespielt wurde, kann man sehen, was für große Änderungen Schiller gegen seinen Willen anbringen musste: 7 „Handlungen" statt 5 Akten (angeblich wegen notwendiger Umbaupausen), Verlegung der Handlung ins 15. Jahrhundert (wegen der kritischen politischen Aussagen), keine lyrischen Einlagen mehr, kein Pastor Moser mehr, der schimpfende Pater im 2. Akt wird zu einem städtischen Beamten, Franz tötet sich nicht selbst, sondern wird von der Bande umgebracht, dafür bringt sich aber Amalia selber um.

1782 Nach dem großen Erfolg der Uraufführung lässt Schiller eine Neuauflage drucken (»Die Räuber. Ein Trauerspiel«), in der er eine Reihe der schlimmsten Änderungen wieder zurücknimmt. Diese Fassung wird heute als „Trauerspiel" – im Gegensatz zum „Schauspiel" (der Erstfassung) – zitiert. Ihr Schluss enthält einige für den heutigen Geschmack ziemlich kitschige Stellen.

Der Stoff der »Räuber«

Schiller sprach öfter davon, eine Fortsetzung zu den »Räubern« zu schreiben – hätte es damals schon Fernsehen gegeben, wäre auch sicher eine geschrieben worden, so aber blieb es bei den Plänen und einigen Skizzen, die auf ein ziemlich moralisierendes Stück schließen lassen.

Einen parodistischen Schluss verdanken wir dem Schriftsteller Ernst **Penzoldt** (1892–1955): Der Tagelöhner, dem Karl Moor die 1000 Louisdor verschaffen will, wenn er ihn dem Gericht ausliefert, will das Geld absolut nicht haben, weil er keine Schuld auf sich laden will und weil er Moors Kampf gegen das Unrecht richtig findet. So muss Karl unverrichteter Dinge abziehen und die unangenehme Aufgabe selbst übernehmen, sich dem Gericht auszuliefern ...

Auch als Oper gibt es »Die Räuber«: 1850 veröffentlichte Giuseppe **Verdi** die Oper »I Masnadieri« („Die Räuber"), 1957 schrieb Giselher **Klebe** die Oper »Die Räuber«.

Das Motiv des „guten Räubers"

Das »Räuber«-Thema vom eigentlich guten, zu Großem fähigen Menschen, der durch Unrecht zum Verbrecher wird, hat **Schiller** nicht losgelassen:

1786 veröffentlichte er die Erzählung »Der Verbrecher aus Infamie« (die Geschichte des „Sonnenwirtes", s. S. 36), 1792 eine Neufassung unter dem Titel »Der Verbrecher aus verlorener Ehre«.

Das Thema des Menschen, der aus verlorener Ehre oder aus zerstörtem Selbstwertgefühl zum Verbrecher wird, hat Heinrich von **Kleist** 1810 in seiner Meisternovelle »Michael Kohlhaas« gestaltet – der Geschichte eines Mannes von bestem Charakter, der nach einem Unrecht, das ihm angetan wurde, aus verletztem Rechtsgefühl zum Räuber, Mörder und Brandstifter wird, sich aber am Schluss, nachdem das Unrecht wieder gutgemacht worden ist, ohne Widerstand hinrichten lässt.

Lesetipps

Zahlreiche Worterklärungen, Textvarianten, Schillers Selbstrezension (s. S. 18), Berichte über die Wirkungsgeschichte etc. finden Sie in »Friedrich Schiller. Die Räuber. Erläuterungen und Dokumente«, hg. v. Christian **Grawe.** Reclam UB Nr. 8134, Stuttgart 1976.

Eine umfangreiche Darstellung, zum großen Teil allerdings anspruchsvoll, gibt Benno v. **Wiese** in »Friedrich Schiller«, Stuttgart (Metzler) ^{4}1989.

Sehr anschaulich ist das Buch »Friedrich Schiller in Selbstzeugnissen und Bilddokumenten« von Friedrich **Burschell** (rowohlts monographien 14), Reinbek 1958.

Interessantes erfahren Sie auch aus Ernst **Müllers** (zum Teil gut lesbarem!) Werk »Der junge Schiller«, Tübingen 1947.

Wie ein bedeutender moderner Autor respektvoll-kritisch mit Schiller umgeht, kann man beispielhaft der folgenden Rede entnehmen: Friedrich Dürrenmatt, »Rede zur Schiller-Feier am 9. 11. 1959 in Mannheim«, Zürich (Die Arche) 1959.

Weitere benutzte Literatur

Scherpe, Klaus R.: »Die Räuber«. In: Hinderer, Walter (Hg.): »Schillers Dramen. Neue Interpretationen«, Reclam UB Nr. 8807, Stuttgart ^{2}1983, S. 9–36.

von **Wiese**, Benno: »Die deutsche Tragödie von Lessing bis Hebbel«, Stuttgart (Metzler) ^{4}1958, S. 170 ff.

Hensel, Georg: »Spielplan. Schauspielführer von der Antike bis zur Gegenwart«, Darmstadt (Koch) 1966, S. 365–375.

Žmegač, Viktor (Hg.): »Geschichte der deutschen Literatur vom 18. Jahrhundert bis zur Gegenwart I, 1«, Königstein (Athenäum) 1979, S. 246–249.

S. 9/21 *Zeitung:* Bericht über ein Ereignis
S. 9/25 f. *verlornen Bruder:* auf das Gleichnis vom verlorenen Sohn (Luk. 15,11–32) wird im Stück immer wieder angespielt (vgl. Klausuraufgabe, S. 60 f.)
S. 12/14 *Phryne:* schöne griechische Prostituierte
S. 19/24 *alexandrinisch geflennt:* in Alexandrinern, dem als altmodisch empfundenen Versmaß der französischen Klassik und des deutschen Barockdramas, gejammert
S. 20/11 *Aufstreich:* Verkauf an den Meistbietenden
S. 21/4 *Vorhaut:* Spiegelberg ist beschnitten
S. 22/27 *den alten Filzen […] aufgezogen:* sich über den alten Geizkragen […] lustig gemacht
S. 27/37 *zum Kalbsfell schwören:* den Soldateneid leisten
S. 28/1 *nach dem Takt […] gehen:* Spießruten laufen
S. 28/2 f. *im Galliotenparadies … hinterherschleifen:* als Galeerensträfling eine Eisenkette schleppen
S. 29/20 f. *die Engel mit Schwänzen […] Synedrium halten:* die obersten Teufel […] eine Sitzung abhalten
S. 29/26 *dreibeiniges Tier:* Galgen
S. 35/39 *das garstige Laster:* Syphilis
S. 36/21 *englisch:* wie ein Engel
S. 40/25 *gichtrische Empfindungen:* krampfartige Schmerzen
S. 41/20 f. *Eumenide:* gnadenlose Rachegöttin
S. 44/25 *Treffen bei Prag:* Schlacht im Siebenjährigen Krieg (1757)
S. 56/25 *hasselieren:* (militärisch) dauernd angreifen
S. 57/3 *die übriggebliebenen wenigen Edlen:* die Zähne
S. 57/24 *das man […] nicht […] frißt:* bei dem man sich Mühe geben muss
S. 58/12 *wohlfeile Zeit:* langweilige freie Zeit
fünf Prozent: Schuldzinsen
S. 58/30 *Hamen:* Fischernetz
S. 59/26 *den Zopf hinaufschlagen:* mitmarschieren
S. 65/31 *über den alten Kaiser zu plündern:* plündern im Bewusstsein, nicht bestraft zu werden
S. 66/17 *ihre Laken vergolden:* (iron.) ins Bett machen
S. 72/18 *Rotte Korah:* s. 4. Buch Mose 16,5

S. 73/4 *das Ungeheuer am Nilus:* das (bösartige) Krokodil (vgl. „Krokodilstränen“ = geheuchelte Tränen)
S. 77/29 *Seladon:* im Rokoko schwärmerischer Liebhaber
S. 87/7 *Abbadona:* gefallener Engel, der bereut (aus dem »Messias« von Klopstock)
S. 85/30 *Hofmeister:* Hauslehrer in reichen Familien
S. 89/19 *Fanger:* Eule als Lockvogel
S. 89/22 *Arbela:* Schlachtort (Alexander siegte hier gegen die Perser 331 v. Chr.)
S. 94/2 *vergeben:* vergiften
S. 97/36 *Der milzsüchtige … foltern:* Gewissen als übel gelauntes Wesen, das höchstens alten Weibern oder Wucherern auf dem Totenbett Angst macht
S. 107/12 *an der Kunkel hat:* im Schilde führt
S. 108/8 *Bettel:* Runde beim Kartenspiel
S. 108/39 *Nemesis:* die rächende Gottheit der Griechen
S. 110/18 *Minos:* im antiken Totenreich der Richter, der die schwierigsten Fälle bearbeiten musste
S. 111/26 *Warum hat mein Perillus […] bratet?:* Perillus soll für seinen Herrn einen hohlen eisernen Ochsen gegossen haben, in dem Verbrecher lebend verbrannt werden sollten, den er aber selbst ausprobieren musste.
S. 123/30 *taub:* leer (vgl. „eine taube Nuss“)
S. 128/29 *über alle Häuser hinausgeworfen:* (schwäb.) geleugnet, darüber gespottet
S. 130/17 *Er hat das Prävenire gespielt:* er war schneller als wir, ist uns zuvorgekommen
S. 131/25 vgl. Lukas-Evangelium, 15,21: *Vater, ich habe gesündigt […], ich bin hinfort nicht mehr wert, daß ich <u>dein Sohn</u> heiße.* (Wechsel der Person!, Unterstreichung vom Autor)
S. 135/30 *ich poche dem Tyrannen Verhängnis:* ich stelle mich gegen das Schicksal, diesen Tyrannen

Ausführliche Wort- und Sacherklärungen finden Sie in Reclams Erläuterungen (s. S. 39), S. 3–75, und im Anhang der Reclam-Ausgabe der »Räuber«.

Interpretation

Sie haben sicher schon erfahren, dass man Literatur auf verschiedene Arten interpretieren kann –

- formal-ästhetisch,
- zeitbezogen,
- inhaltlich-philosophisch –

und in der Schule kann es sehr von Nutzen sein, wenn man weiß, welchen Interpretationsansatz der Lehrer (die Lehrerin) bevorzugt … Gute Lehrer(innen) lassen allerdings jede Interpretation gelten, solange sie aus dem Text zu belegen ist!

Ein Stück aus dem Bauch …

»Die Räuber« haben seit der Uraufführung immer wieder höchst unterschiedliche Interpretationen erdulden müssen – und sicher nicht ohne Grund, denn der aufmüpfige junge Schiller wusste ja selbst noch gar nicht so genau, was er eigentlich wollte: Zwar geht es auch hier wie beim späteren „klassischen" Schiller um einen Konflikt zwischen dem Einzelmenschen und der Weltordnung, aber das Stück ist noch längst nicht so vom Kopf bestimmt wie die späteren – es kommt noch mehr „aus dem Bauch", und es steckt noch viel persönliches Erleben darin, Wut und Empörung eines leidenschaftlichen jungen Mannes über

- die Unterdrückung der persönlichen Freiheit,
- die Ungerechtigkeit in der Welt,
- den Missbrauch der Macht und
- das Spießbürgertum,

andererseits aber auch das tiefe Erlebnis der Freundschaft, die sich auch und gerade in einer so fragwürdigen Welt bewährt.

Es ist ein Stück der großen Gefühle, geschrieben von einem, der wie im Rausch schreiben musste, getrieben von einem explosiven Freiheitsbedürfnis. Aber es sind nicht die schwärmerisch-tränenreichen Gefühle der Empfindsamkeit – davon ist nur bei Amalia etwas übrig geblieben – sondern Gefühle als Elementarkraft. Andererseits darf man nicht übersehen, dass es dem jungen Schiller schon gelungen ist, in seinen zwei Hauptgestalten das, was ihn so sehr bewegte, verhältnismäßig distanziert und objektiv zu verarbeiten.

… und aus „Lesefrüchten"

Daneben aber ist auch viel von dem in die »Räuber« eingeflossen, was Schiller während seines Studiums gelesen hat – oft heimlich nachts im Studierzimmer, unter einem medizinischen Lehrwerk verborgen, falls einmal eine Kontrolle kam. (Schiller gehörte ja einem „Poetischen Oppositions-Club" an, und seine Lektüre galt als unerwünscht …)

Und so spukt also **Klopstock** durch Amalias Herzensergüsse, hört man immer wieder **Shakespeare** (den Autor, dem die Dichter des Sturm und Drang am meisten verdanken), findet man zahllose **Bibel**-Verweise und Anklänge an **Rousseau**, an **Goethes** »Götz von Berlichingen«, an Leisewitz' »Julius von Tarent« und die ganze Mannschaft des **Sturm und Drang**.

Natürlich fällt es da schwer, eine einheitliche Interpretation für diese Mischung aus Freiheitsdurst und christlicher Moral, Räuberromantik und Freundschaftsschwärmerei sowie Lesefrüchten von der Bibel über Shakespeare zu Leisewitz zu finden …

Interpretationsmöglichkeiten

Wir haben eingangs von den unterschiedlichen Interpretationsansätzen gesprochen, mit denen man ein literarisches Werk erschließen kann.

Eine rein **formal-ästhetische Interpretation**, die alles aus der Form, der Art der Gestaltung des Stoffs, zu deuten versucht, würde bei den »Räubern« zu viele wesentliche Aspekte unberücksichtigt lassen.

Wie sieht es aber mit einem **zeitbezogenen Ansatz** aus?

Es ist keine Frage, dass die Verhältnisse, in denen der junge Schiller aufgewachsen ist, entscheidenden Einfluss auf die Entstehung und den Handlungsverlauf der »Räuber« hatten: die dunkle Zwangsanstalt der Akademie mit ihrem militärischen Drill, den täglichen Strafen, der erzwungenen Heuchelei gegenüber dem tyrannischen Herzog, der nichts von Dichtung versteht – und dagegen der junge, feurige Dichter, der die Freiheit durch seine Adern rollen fühlt und daraufhin jeder Ordnung den Kampf ansagt und zu einem ungezügelten Räuberleben auffordert – das war die Atmosphäre, in der eine – wenn auch nur literarische – Revolution gedeihen konnte. Die Empörung über den Entzug der Freiheit war es wohl vor allem, die Schiller in das mitreißende Pathos hineintrieb, das wir in dieser jugendlichen Kraft und Bilderfülle in keinem anderen seiner Dramen mehr finden.

Man kann den Schwerpunkt bei der Interpretation der »Räuber« allerdings auch auf die **theologisch-philosophischen Probleme** legen, die Schiller hier verarbeitet hat – schließlich haben ihn Theologie und Psychologie ja von seiner Kindheit an beschäftigt (s. S. 20), und nicht zufällig ist das Stück auch eine Auseinandersetzung mit zwei unterschiedlichen Weltanschauungen und mit Religion und Moral. Wir werden auf diesen Interpretationschwerpunkt später auch noch eingehen (s. S. 52 ff.), wenden uns aber zunächst der (gesellschafts)politischen Dimension dieses Dramas zu.

»Die Räuber« – ein Freiheitsdrama?

Die »Räuber« sind, wie wir schon gesehen haben, von der Thematik her keine Einzelerscheinung: Räuber-Romane waren zu dieser Zeit massenhaft verbreitet, man kannte **Robin Hood**, und **der „edle Räuber" war eine Lieblingsfigur der Zeit**: In ihm waren die Wünsche der Menschen verkörpert, die Sehnsucht des Bürgers, der sich zähneknirschend einer Ordnung fügt, nach Abenteuern, Heldentum und einer gerechten Welt. – Der Räuber rebellierte gegen eine verknöcherte Gesellschaft, gegen die *feige Schurkerei*[1] (so nannte man damals alles, was in Staat und Gesellschaft eine höhere Stellung einnahm), er war ein Individualist, ein „Kerl", er kämpfte gegen die Tyrannen und half den Armen, mit einem Wort: Er war **ganz und gar „Freiheit"**.

Und so fanden viele ihre heimlichen Wünsche in Karl Moor verkörpert und empfanden die »Räuber« als ein Freiheitsdrama: Nicht zufällig ließ Schillers Verleger auf dem Titelblatt der 2. Auflage die Inschrift *in tirannos* (gegen die Tyrannen) anbringen!

Der böse und der gute Herrscher

Freiheit aber bedeutet für Schiller **keinen Umsturz der herrschenden politischen Verhältnisse im Sinne einer republikanischen Revolution**. Sicher, Karl träumt davon, *aus Deutschland [...] eine Republik* zu machen, *gegen die Rom und Sparta Nonnenklöster sein sollen* (S. 20/33 f.), aber dieser Gedanke wird nicht weiter verfolgt, denn im Grunde orientiert sich Karl am Ideal des aufgeklärten „guten Herrschers", wie es seinem Vater vorschwebte (der freilich nicht das nötige menschliche Format hat, um diese Rolle auszufüllen). Und auch wenn Franz diese Einstellung verhöhnt (*Mein Vater überzuckerte seine Forderungen*, S. 54/26–28), so werden selbst aus seinem Spott noch die Ideale des Vaters sichtbar. Genauso wünschte der alte Moor

---

1 zit. nach: A. F. C. Vilmar, Geschichte der Deutschen National-Litteratur. Marburg und Leipzig [23]1890, S. 421

sich seinen Karl, und wenn dieser vom *Hinausschieben unvollendeter Plane* (S. 111/11 f.) spricht, meint er diese Zukunftsvorstellungen des Vaters, die auch seinen eigenen entsprachen: *[...] da liegen die Trümmer deiner Entwürfe! Hier solltest du wandeln dereinst, ein großer, stattlicher, gepriesener Mann, [...] der Abgott deines Volkes [...]* (S. 89/27–31).

Das Gegenbild – den schrecklichen Gewaltherrscher – entwirft Franz in dem Moment, als er den Vater tot glaubt (S. 54/23–35): *Weg dann mit dieser lästigen Larve von Sanftmut und Tugend! [...] Ich will euch die zackigte Sporen ins Fleisch hauen, und die scharfe Geißel versuchen.*

Schiller hat dieses Porträt eines Gewaltherrschers als *Karrikatur* bezeichnet, die dem Zuschauer das Lasterhafte besonders deutlich machen solle[1] – und obwohl der Monolog natürlich auch eine harsche Fürstenkritik ist, so dient er doch vor allem dazu, Franz zu charakterisieren, dem Zuschauer einen Einblick *in die innere Wirtschaft des Lasters*[2] zu geben.

Die klarsten politischen Aussagen des Stücks finden sich somit auch gar nicht hier, sondern an anderen Stellen:

- Zum einen in der **Kosinsky-Geschichte** (III, 2) – sie spiegelt nicht nur das Schicksal des verstoßenen und in der Liebe gescheiterten Karl wider, sondern enthält auch (in der Thematik ähnlich wie **Lessings** »Emilia Galotti«) eine scharfe Kritik am Hof: Durch eine schmutzige Hofintrige wird das bürgerliche Mädchen Amalia ins Gefängnis gebracht und zur Mätresse gemacht, während ihr Liebhaber finanziell ruiniert wird. Als er sich den Räubern anschließen will, ist er „frei" für die Rache und bereit, mit Männern zu leben, *die dem Tod ins Gesicht sehen [...], die Freiheit höher schätzen als Ehre und Leben, deren bloßer Name, willkommen dem Armen und Unterdrückten, die*

---

1 vgl. die Vorrede zur 1. Auflage und die unterdrückte Vorrede. – Man muss sich darüber im Klaren sein, dass der Graf von Moor nicht einfach Familienoberhaupt ist, sondern ein regierender Fürst!
2 Schiller, »Der Verfasser an das Publikum«. Theaterzettel zur Uraufführung. In: Reclams Erläuterungen (s. S . 39), S. 152

Beherztesten feig und Tyrannen bleich macht (S. 83/33–38). Dieses Drama im Drama nimmt eindeutig Stellung gegen die absolutistischen Fürsten und für die Bürgerrechte.

• Zum anderen bezieht Schiller politisch Stellung in der **Auseinandersetzung Karl Moors mit dem geifernden Pater** (II, 3), dem Abgesandten der korrupten *hohen Obrigkeit* (S. 69/37), der beauftragt ist, Karl den Behörden zu überbringen, damit die Todesstrafe in liebevoll-milder Form an ihm vollstreckt werden kann (*die Gerechtigkeit [...] läßt es – denk doch! [...] – b e i d e m R a d e b e w e n d e n* (S. 71/9 ff.).

In seiner Antwort auf die Beschimpfungen des Paters legt Karl die Motive seines Handelns dar: Er möchte das Land säubern

✔ von korrupten Ministern (S. 71/40–S. 72/5) und hohen Beamten (S. 72/5–8),

✔ von gefühllosen Pfaffen, die auf offener Kanzel weinen, *daß die Inquisition*, diese gnadenlose Verfolgung und Folterung angeblicher Ketzer, *so in Zerfall käme* (S. 72/10 f.),

✔ von dem scheinheiligen Christen, *der die hundert Augen des Argus hat, Flecken an seinem Bruder zu spähen* (S. 72/20 f.), aber blind ist gegen sich selbst,

✔ von den Predigern der Nächstenliebe, die *den achtzigjährigen Blinden von ihren Türen hinweg* (S. 72/25 f.) fluchen, gegen den Geiz wettern, aber Peru um seiner Reichtümer willen entvölkert und die Menschen wie Vieh behandelt haben.

Stolz bekennt er, dass er eines Tages seine Verbrechen *im Schuldbuch des Himmels lesen* werde: *mein Handwerk ist Wiedervergeltung – Rache ist mein Gewerbe* (S. 73/13–16).

Karl Moor wäre also ein wahrer Sturm-und-Drang-Held, wenn er so wäre, wie Schiller ihn in seiner Selbstrezension selbst gedeutet hat: *den großen Mann vollendet ein unersättlicher Durst nach Verbesserung und eine rastlose Tätigkeit des Geists*[1].

1 Selbstrezension (s. S. 17), S. 161

Aber **Karl Moor** ist nicht so: **Er handelt nicht im praktischen Leben** – ob im Schloss oder in den böhmischen Wäldern, die Auseinandersetzung findet **nicht in der politischen Realität statt, sondern in einer erfundenen Wirklichkeit**.

> Während andere Sturm-und-Drang-Stücke, wie etwa die von Lenz, sich an der Lebenspraxis orientieren, finden **bei Schiller geistige Auseinandersetzungen** statt.

Karls Revolte richtet sich nicht gegen die Staatsform der Monarchie, nicht gegen die Fürsten, auch nicht gegen die Kirche an sich, sondern allenfalls gegen ihre erbärmlichen Vertreter.

Karl stellt sich zwar gegen die irdische Ordnung, aber eigentlich nur, um innerhalb dieser Ordnung das zu vernichten, was unmenschlich ist. Seine Sehnsucht geht zurück in eine **goldene Zeit**, in der Herrscher gerecht sind und in der Vollkommenheit und Glückseligkeit herrschen; aber diese schönen Träume zerplatzen vor der bösen Tat. Wie Lebensträume durch die Realität zerstört werden, ist eines der Hauptthemen des Stücks (vgl. S. 45).

Karls Heimkehr steht im Zeichen solcher Träume: Zwar hat er kein klares Ziel mehr vor Augen (vgl. S. 111/7), aber er schließt an die *goldenen Träume* (S. 11/34) des Vaters an, wenn er in seinem großen Monolog (IV, 5) von seinem Hunger nach Glück spricht, vom *Ideal einer unerreichten Vollkommenheit*, vom *Hinausschieben unvollendeter Plane* (S. 111/10–12). Da dieses goldene Ideal nicht mehr zu verwirklichen ist, träumt er sich zurück in die Kindheit (S. 89/25–32).

Ueber die verfluchte Ungleichheit in der Welt!

Im krassen Gegensatz zu dem Traumbild vom aufgeklärten guten Herrscher steht die konkrete politische Realität, die Schiller selbst erfahren musste und die in der ersten Fassung der »Räuber« so unmissverständlich angegriffen wird, dass der

Autor für die Aufführung ein großes Stück, den so genannten „Bogen B“, wohl aus Angst vor der eigenen Kühnheit, selbst zurückzog. Hier ist tatsächlich ein republikanischer Geist (s. S. 45) spürbar, und selbst sozialistische Gedanken lassen sich erkennen:

> *Ueber die verfluchte Ungleichheit in der Welt! Das Geld verrostet in den Kisten ausgedörrter Pickelhäringe und Mangel muß Bley an die kühnsten Begierden des Jünglings legen. Kerls, die zehnmal krepiren, eh sie ihre Thaler auszählen, trippelten mir das Haus ab, ein paar elende Schulden einzutreiben – […]*
> *Warum sind Despoten da? Warum sollen sich tausende, und wieder tausende unter die Laune Eines Magens krümmen, und von seinen Blähungen abhängen? – Das Gesetz bringt es so mit sich – Fluch über das Gesetz, das zum Schneckengang verderbt was Adlerflug worden wäre!* (I, 2)[1]

Karl Moor, ein Terrorist des 18. Jahrhunderts?

Trotz dieser starken Töne, vor denen Schiller wohl selbst erschrak, sind »Die Räuber« zwar sicher ein Freiheitsdrama, aber im Ganzen kein Drama der Revolution – dafür ist Karl Moors „Aufstand“ zu sehr individuell motiviert. Sie behandeln aber eine zentrale politische Frage: die **Frage nach der Berechtigung von politischem Widerstand**.

Von seiner Ausgangsposition aus könnte man Karl Moor in die Nähe der modernen Terroristen der RAF oder der (irischen) IRA rücken: Die Welt, wie er sie sieht, ist nicht gut, also meint er, sie mit Gewalt verändern zu müssen. Aber schon bald erkennt er seinen Irrweg – zuerst in dem Augenblick, als ihm bewusst wird, was einige aus seiner Bande – die verwilderten Kriminellen wie Schufterle – anrichten (II, 3):

---

1 die ursprüngliche Szene I, 2, zit. nach: Reclams Erläuterungen (s. S. 39), S. 79

O pfui über den Kindermord! den Weibermord! – den Krankenmord! Wie beugt mich diese Tat! Sie hat meine schönsten Werke vergiftet […] – geh, geh! du bist der Mann nicht, das Racheschwert der obern Tribunale zu regieren, du erlagst bei dem ersten Griff […].
(S. 67/15–23)

Karl Moor glaubt zwar zunächst, politisch zu handeln, indem er die Ungerechtigkeit in der Welt bekämpft:

Er mordet nicht um des Raubes willen, sagt Razman über seinen Hauptmann, *selbst sein Dritteil an der Beute, das ihn von Rechts wegen trifft, verschenkt er an Waisenkinder, oder läßt damit arme Jungen von Hoffnung studieren. Aber soll er dir einen Landjunker schröpfen, der seine Bauren wie das Vieh abschindet […] oder sonst ein Herrchen von dem Gelichter – Kerl! da ist er dir in seinem Element.* (S. 60/10–20)

Im Grunde aber ist er gar nicht der Aufrührer und Empörer, der Revolutionär, der sich letzten Endes selbst die Gesetze gibt (so wie es Goethes Prometheus getan hat); seine **Rebellion ist eben nur zum Teil politisch motiviert, vor allem aber menschlich**: Aus dem gestörten Vater-Verhältnis schließt er auf den chaotischen Zustand der ganzen Welt:

Ist das Vatertreue? Ist das Liebe für Liebe? […] Mörder, Räuber! – mit diesem Wort war das Gesetz unter meine Füße gerollt – Menschen haben Menschheit vor mir verborgen, da ich an Menschheit appellierte, weg dann von mir Sympathie und menschliche Schonung! – Ich habe keinen Vater mehr, ich habe keine Liebe mehr […]!
(S. 31/33 f. und S. 33/4–8)

Auf der anderen Seite ist Franz' Verbrechen am Vater für Karl der Beweis dafür, dass die Weltordnung zerstört ist: *Die Gesetze der Welt sind Würfelspiel worden, das Band der Natur ist entzwei* (S. 116/14 f.).

Karl muss am Ende einsehen – und das unterscheidet ihn grundsätzlich von den meisten modernen Terroristen –, dass er mit seinem **Versuch, die Welt mit Gewalt zu verändern, gescheitert** ist: Er erkennt die moralischen Gesetze an.

Für den verhinderten jungen Revolutionär Schiller orientiert sich das Leben trotz aller Wut auf die ungerechte Welt an einer göttlichen Weltordnung, deren Ausdruck die irdischen Gesetze sind, und so wird Karl zum Sprachrohr dieser moralischen Grundhaltung:

> *O über mich Narren, der ich wähnete die Welt durch Greuel zu verschönern, und die Gesetze durch Gesetzlosigkeit aufrecht zu halten [...] – da steh ich am Rand eines entsetzlichen Lebens, und erfahre nun mit Zähnklappern und Heulen, daß zwei Menschen wie ich den ganzen Bau der sittlichen Welt zugrund richten würden.* (S. 138/31–40)

Das eigentliche Anliegen Schillers in den »Räubern« ist also trotz seiner revolutionären Anklänge eher **konservativ:**

Die sittliche Weltordnung muss auch der noch anerkennen, der sich an ihr vergeht – Karl in freier Erkenntnis, Franz als Opfer eines Gewissens, dessen Existenz er doch immer geleugnet hat.

Eine solche Anschauungsweise setzt voraus, dass der Autor die Macht einer Weltordnung erfahren und akzeptiert hat. Der Teenager Fritz Schiller erkannte die Autorität seines strengen Vaters an, weil diese Autorität für ihn von Gott gegeben und damit das Kennzeichen einer geordneten Welt war. Der Student Friedrich Schiller aber rebellierte gegen die Autorität des tyrannischen Herzogs, der die von Gott gegebene Macht missbrauchte; aber noch in dieser Rebellion scheint immer die Einsicht durch, dass es ohne eine Ordnung nicht geht.

Es hat auch in den letzten Jahrzehnten Inszenierungen der »Räuber« gegeben, in denen das politische, gesellschaftskritische Element im Vordergrund stand (z. B. durch Hans-Günter Heyme in Stuttgart und Essen oder Egon Monk in Hamburg), aber vor allem seit der eingehenden Schiller-Interpretation von Benno von Wiese (s. S. 39) wird die politische *in tirannos*-Interpretation zunehmend um **psychologische und theologische Fragestellungen** erweitert.

Die Doppeltragödie von den beiden ungleichen Brüdern

Das Stück beginnt ganz traditionell als Familiendrama – und dessen Aufgabe, den Zuschauer zu rühren und ihm eine Vorstellung von Tugend und wahrer Menschlichkeit zu vermitteln, ist auch hier erfüllt. Wenn Karl (in IV, 1) seine *Vaterlandserde* küsst, von den *Fluren und Hügel[n] und Ströme[n] und Wälder[n]* schwärmt und das väterliche Schloss als *heiligen Tempel* (S. 89/10–17) bezeichnet, dann wird etwas deutlich von der Geborgenheit im häuslichen Leben, die das bürgerliche Drama seit Lessing dem korrupten Hofleben entgegengesetzt hat. Und wenn der zurückgekehrte Räuber sich seinen Empfindungen für den Vater und die Geliebte hingibt (S. 133/4–20; S. 135/38–S. 136/7) so wird auch der Zuschauer „weichmütig". Gegen diese Familienidylle aber setzt Schiller den Intriganten, der durch und durch böse ist. Aus der doppelten Exposition entwickelt er nun eine Doppeltragödie – aber nicht als Drama von zwei Menschen, die gegeneinander kämpfen und aneinander zugrunde gehen, sondern als Darstellung der nur lose miteinander verbundenen Schicksale zweier Einzelmenschen, die ihr Verderben jeweils ohne großes Zutun des anderen heraufbeschwören:

– Franz' Intrige ist zwar Auslöser für **Karls** Räubertum, aber die Bande entwickelt ihr Eigenleben, und wie wenig Karl noch die Fäden in der Hand hat, zeigt der Schluss, als er Amalia tötet, weil ihn sein eigener Schwur gegenüber der Bande dazu verpflichtet. Als er von den Machenschaften seines Bruders erfährt (IV, 3), schreit er zwar auf, rennt wütend gegen die Wand und schimpft (S. 101/15–30), aber merkwürdigerweise fällt ihm dann nichts Besseres ein, als zur Bande zurückzukehren und Franz das Feld zu überlassen: *Ernte die Früchte deiner Untat in Ruhe, meine Gegenwart soll dir den Genuß nicht länger vergällen* (S. 102/5–7). Erst als er von dem Verbrechen am Vater erfährt, beschließt er, Franz zu bestrafen.

– **Franz** seinerseits sieht zwar Karl immer als ferne Bedrohung an, aber alle seine Handlungen sind Aktion, nicht Reaktion auf Karl. Das einigende Band für die beiden ist nur derjenige, dem ihre sehr unterschiedlichen Gefühle gelten: der **Vater**.

Warum ist **Franz**, dieser konsequente Rebell gegen den Vater, *aufgewachsen im Kreis einer friedlichen, schuldlosen Familie*[1], so böse? Schiller folgt mit dieser Gestalt konsequent der psychologischen Theorie seines Lehrers **Abel** (s. S. 20). Größe ist für Abel ein absoluter Begriff, der sich der moralischen Wertung entzieht – ob einer groß und gut oder groß und böse wird, hängt von den Lebensumständen ab, und die sind für Franz denkbar ungünstig:

Da (nach Abel) alle Kräfte der Seele und alle Ideen vom Körper abhängen, seiner Gestalt oder Missgestalt, konnte der hässliche Franz nur böse werden (wie übrigens auch der „Sonnenwirt" im »Verbrecher aus verlorener Ehre«, s. S. 38).

Abel glaubte, aus einer unregelmäßigen Nasenform, einer eigenartigen Augenfarbe schon den schlechten Charakter ablesen zu können. Mit dieser beängstigenden Lehre steht er leider nicht allein: Wir finden sie in der »Physiognomik« von Johann Caspar **Lavater** und bei Carl Gustav **Carus**, beide übrigens Freunde Goethes ..., bei **Darwin** und in ihrer perversesten Form in der Rassenideologie der Nationalsozialisten. Bei Abel aber entsprach sie einer im Ganzen **materialistischen Auffassung** vom Menschen: Der Körper wirkt unmittelbar auf die Seele ein, deren mechanische Gesetzmäßigkeiten erforscht,

1 Selbstrezension (s. S. 17), S. 164

vorausgesehen und berechnet werden können. Ziel dieser Berechnung ist es, das eigene Verhalten mit dem des anderen in Übereinstimmung zu bringen und so den leichtesten Zugang zum Glück zu finden.

Franz denkt diese Lehre konsequent zu Ende: Er will **die Seelenmechanik benutzen, um Macht zu erwerben**, und dabei hindert ihn keine Moral: getrieben von der bitteren Erkenntnis des Benachteiligten, des Zweitgeborenen und Hässlichen (*Wirklich, ich glaube, sie [die Natur] hat von allen Menschensorten das Scheußliche auf einen Haufen geworfen und mich daraus gebacken*, S. 16/36–38) hat er seine eigene, ausschließlich auf der Vernunft beruhende Philosophie aufgestellt, die er in seinem großen Monolog I, 1 (S. 16/12–S. 18/40) vorstellt. Für ihn gibt es keine familiären, keine Gefühlsbindungen:

> *Das ist dein Bruder! – das ist verdolmetscht: Er ist aus eben dem Ofen geschossen worden, aus dem du geschossen bist – […] es ist dein Vater! […] – also sei er dir heilig. […] Wo stickt denn nun das Heilige? Etwa im Aktus selber, durch den ich entstund? – Als wenn dieser etwas mehr wäre als viehischer Prozeß zur Stillung viehischer Begierden!* (S. 18/1–26)

Die Konsequenz aus dieser materialistischen Logik erfahren wir später (in IV, 2): Der Mensch ist Morast.

Franz ist, so sieht es auch Schiller selbst, ein **Produkt der Aufklärung**, seine logische Beweisführung ist *das Resultat eines aufgeklärten Denkens und liberalen Studiums*[1]. Seinen **aufgeklärten Materialismus** verbindet er aber mit einem **schrankenlosen Machtstreben** und sieht seine Aufgabe darin, alle Bindungen vom Verstand her zu zersetzen. Ethische Werte lösen sich in Praktiken auf, die der „Gescheite" zu seinen Zwecken benutzt.

Hauptziel seiner Angriffe ist die Macht des Blutes, der familiären Bindung. Folgerichtig wertet er diese Art von Bindung ab bis zur Zeugung, die er ausschließlich als Triebbefriedigung

1 Selbstrezension (s. S. 17), S. 164

sieht. Übrig bleibt in dieser völlig bindungslosen Welt nur noch der Einzelne und sein Erfindungsgeist, den er ganz seinem Willen zur Macht unterordnet.

Franz will die Materie geistig erfassen, beherrschen, die Natur überwinden: Als ihm der Tod seines Vaters, dieses *ärgerlichen zähen Klumpen Fleisch[es]* (S. 40/6 f.), nicht schnell genug geht, will er sich nicht damit abfinden, dass sich sein *hochfliegender Geist an den Schneckengang der Materie ketten lassen* soll (S. 40/11–13), und so ruft er sich noch einmal ins Gedächtnis, *wie treffend die Stimmungen des Geists mit den Bewegungen der Maschine zusammenlauten* (S. 40/23–25). Sein *Originalwerk* soll es sein, *den Körper vom Geist aus zu verderben* (S. 40/30 f.). Seine teuflische Absicht ist es, die seelisch-körperliche Harmonie der Welt zu zerstören.

Schiller hat in **Franz** eine höchst moderne Gestalt auf die Bühne gebracht: **einen Nihilisten, einen Leugner aller Werte**, dessen selbstherrlicher Intellekt Urheber seiner totalen Menschenverachtung ist. Der Denker Franz zerstückelt mithilfe seines Verstandes seine Mit- und Umwelt so lange, bis deren Ideale vor seinem schrankenlosen Machtanspruch vergehen.

> *Wer es einmal so weit gebracht,* sagt Schiller in der Vorrede zu den »Räubern«, *[…] seinen Verstand auf Unkosten seines Herzens zu verfeinern, dem ist das Heiligste nicht heilig mehr – dem ist die Menschheit, die Gottheit nichts. Beide Welten sind nichts in seinen Augen.* (S. 4/5–10)

Dass Franz sich am Ende selbst vernichtet, eingeholt von dem Gewissen, das er immer geleugnet hat, getrieben von einem mit ungeheurem Pathos und in gewaltigen Bildern geschilderten Traum vom Jüngsten Gericht, kann man als Absage Schillers an diese seelenlose materialistische Philosophie deuten.

Schiller gibt hier durch **Franz** die **radikale Lehre der materialistischen Aufklärung** wieder, die sich gegen jede religiöse oder philosophische Idee von der Freiheit und Geistigkeit des Menschen wendet. Dadurch, dass die **Negativ-Figur Franz** diese Lehre verkündet, wird sie als falsch entlarvt. Franz, der intellektuell rebelliert (im Gegensatz zu Karl, dem Rebellen aus Herz und Gewissen), ist damit der eigentliche Revolutionär.

Wenn Franz sagt: *Jeder hat gleiches Recht zum Größten und Kleinsten […]. Das Recht wohnet beim Überwältiger, und die Schranken unserer Kraft sind unsere Gesetze* (S. 17/9–12), so zieht er eine erschreckende Konsequenz aus der idealistischen Philosophie von der Freiheit, Gleichheit und Brüderlichkeit und lässt uns die Angst spüren vor der **Entfesselung der Vernunft**, die jeden Glauben und jeden Wert zerstört – eine Angst, die in unserer Zeit noch viel unmittelbarer ist als damals.

Schiller steht dieser Art von Revolution fern: Da die intellektuelle Rechtfertigung des Egoismus und der Gewaltherrschaft dem bösartigen Verbrecher Franz unterstellt wird, wird sie gleichzeitig entschärft und die moralisch gerechtfertigte, vom Zuschauer nachvollziehbare Rebellion bleibt den Räubern und ihrem edlen Führer Karl überlassen – sie faszinieren den Bürger, der sich aus seinem Alltagstrott heraussehnt, und in der begeisterten Darstellung der Ausgestoßenen sind die unterdrückten Fantasien des verhinderten Revolutionärs Schiller von der großen Revolte gegen die bestehende Ordnung verborgen; in Karls Kehrtwendung am Schluss triumphiert die heimlich bekämpfte Ordnung doch noch – ob Schiller diesen Schluss aus Einsicht gewählt hat, ob der väterliche Einfluss noch zu stark war oder ob er einfach Angst vor der eigenen Courage hatte, bleibt dem einzelnen Leser und Zuschauer überlassen.

Beide Brüder erheben sich gegen das Prinzip der Vaterautorität, das der alte Moor trotz seiner Schwächlichkeit verkörpert. Ihre Versuche scheitern, weil ein Aufstand gegen die soziale Ordnung, vor allem gegen die Familienordnung, ein Aufstand gegen die göttliche Ordnung ist. Sie scheitern aber auch in ihren Versuchen, eine neue Ordnung zu begründen: Karl, weil die Räuberbande überwiegend aus Kriminellen besteht (allen voran Spiegelberg), die sich gerade an den Unterdrückten und Unschuldigen vergreifen, denen sie beistehen sollten (s. S. 49 f.: *Kindermord …*); Franz, weil seine vom kalten Intellekt beherrschte Menschenverachtung keine Basis für eine Herrschaft sein kann.

Wie begrenzt Schillers Opposition gegen das herrschende System ist, zeigt sich in Karls Einsicht, dass Gott allein für die Bestrafung des in der Welt vorhandenen Unrechts zuständig ist. Gesetze können nicht durch Gesetzlosigkeit verändert werden, die Republik ist nicht die Alternative zur Herrschaft des aufgeklärten „guten Herrschers", und eine Vernunft ohne Moral und ohne Herz führt in den Abgrund. Falsche Leidenschaften, schreibt Schiller selbst, *mußten sich natürlicherweise an bürgerlichen Verhältnissen zerschlagen […], so war der seltsame Don Quixote fertig, den wir im Räuber Moor verabscheuen und lieben, bewundern und bedauern* (Vorrede, S. 4/28–33).

Aufgaben mit Lösungs-tipps

Natürlich können wir nicht vorhersehen, was für Klausurthemen man Ihnen stellen wird. Es gibt aber erfahrungsgemäß ein paar Themen und Motivkreise, die sich besonders für Klausuren eignen. Einige stellen wir Ihnen hier vor und geben Ihnen im Anschluss Hinweise für die Lösung.

?

1. Die wahrscheinlich am häufigsten gestellte Aufgabe ist die **vergleichende Charakteristik von Karl und Franz Moor**.

!

✔ **Konfliktfelder im Schauspiel**

Gewissen (Karl) gegen materialistische Menschenkunde (Franz), Gegensatz Körper – Geist; Manipulation des Räderwerks der Seele gegen Gewissensverantwortung; zerstörende Begierden können über die Moral siegen

✔ **Gemeinsames**

- beide revoltieren gegen die Autorität (verkörpert durch den Vater);
- beide streben nach totaler Freiheit;
- beide sind im Selbstverständnis des Sturm und Drang genial;
- beide scheitern.

✔ **Unterschiede**

Karl: Idealist → beleidigtes maßloses **Gefühl**, Rebellion in einem (allerdings fiktiven) **öffentlich-politischen Raum**

Franz: Materialist → ganz auf sich gestellter, maßloser **Verstand** – Rebellion im **privat-familiären Bereich**

Karl: Erstgeborener, vielversprechend, vom Vater immer bevorzugt, warmherzig und edel, Liebe zum Vater, Liebe zu Amalia, Ideal der Freundschaft, Einsicht in sein Fehlverhalten, Anerkennung der göttlichen Gesetze am Schluss: Verzicht auf die Revolution

Franz: Zweitgeborener, außerordentlich intelligent, aber hässlich und vom Vater vernachlässigt, deshalb gefühllos und böse; zerstört als Intrigant Freundschaften und Bindungen; verachtet den Vater. Machttrieb erstreckt sich auch auf Amalia; keine Einsicht, bis zuletzt trotz seiner religiös motivierten Schreckensvisionen konsequenter Leugner der göttlichen Macht: der eigentliche Rebell und als der von Anfang an Benachteiligte – eine tragische Figur

✔ **Belegstellen für Karl**

- vor allem I, 2 (S. 19–20; S. 31/16 bis Szenenende); II, 3 (Razmann über Moor: S. 60/10–S. 61/11; S. 62/10–13): edler Räuber
- der Bericht über Rollers Befreiung (S. 63/28–S. 65/14; S. 66/7–10) als Beweis dafür, was Karl unter Freundschaft versteht
- Karls Vorstellung vom „edlen Räuber" in II, 3 (S. 67/10–12)
- Karls Motivationskunst, seine Qualitäten als Anführer (II, 3: S. 68/28–S. 69/27)
- Karls Einstellung zur Kirche im Gespräch mit dem Pater (II, 3); dort auch Belege für seine Kraft und seinen Mut
- Karls Resignation und Melancholie: III, 2 – vor allem S. 80/26–38 und S. 81/33–S. 82/26 sowie IV, 5 (S. 111/5–S. 112/21)
- Karls Liebe zum Vater (I, 2: S. 32/14–16 und V, 2)
- Karls Einsicht (V, 2)

✔ **Belegstellen für Franz**

- I, 1, vor allem S. 16/29–S. 18/40: Zweitgeborener, Hässlichkeit, Bewusstsein seiner Intelligenz, Freiheit des Einzelmenschen, Abwertung aller Werte (S. 17/13–31 und

S. 17/38–S. 18/33), Zynismus, Herrschsucht (auch in II,2 und IV, 2)
- I, 3: heuchlerischer Verführer, berechnender Lügner und Verleumder (S. 35/31–S. 36/40)
- II, 1: Darstellung seiner psychologischen Erkenntnisse: Erkennen und Manipulieren der seelischen Mechanismen; Möglichkeit, den Körper durch den Geist zu zerstören
- II, 2: nackte Herrschsucht, Sadismus
- III,1: nicht Liebe zu Amalia, sondern nur sexuelle Gier; Lust zu quälen (S. 78/4–14 und S. 17/34)
- IV, 2: Hass auf Karl (S. 92/31–S. 93/5); Erkenntnis seiner eigenen Untaten, aber ohne jede Reue (S. 92/40–S. 93/3); Brutalität (S. 93/31–35 und die gesamte Daniel-Szene)
- V, 1: Gewissensqualen, aber keine Reue; Frage nach der Existenz Gottes, schließlich Wahnsinn (S. 130/5), aber Weigerung, Gott anzuerkennen (S. 129/30–33): bleibt seiner Grundauffassung treu

?

2. „Der verlorene Sohn“
Vergleich des »Gleichnisses vom verlorenen Sohn« (Lukas 15, 11–32) mit den »Räubern«[1]

!

Begründung der Aufgabe

Schiller wollte sein Stück ursprünglich »Der verlorene Sohn« nennen. Erster Hinweis S. 21/21 f.: Spiegelberg: *Pfui, du wirst doch nicht gar den verlorenen Sohn spielen wollen!*

1 Idee und Struktur des Klausurvorschlags nach: Werner Winkler, Deutsch im Leistungs- und Grundkurs, Band 2. Freising (Stark) 1986, S. 81

Vergleich

Welcher Sohn geht weg? Lukas: der jüngere – Schiller: der ältere

Was für ein Leben führt er? Lukas: *[…] und daselbst brachte er sein Gut um mit Prassen* (15,13) – Schiller: *Ich soll meinen Leib pressen in eine Schnürbrust* (S. 20/24 ff.): Freiheitsdrang, aber auch „Lotterleben" in Leipzig

Warum will der Sohn zurückkommen? Lukas: *Da schlug er in sich und sprach: […] Ich will mich aufmachen und zu meinem Vater […] sagen: Vater, ich habe gesündigt gegen den Himmel und vor dir.* (15, 17–18; Unterstreichungen vom Autor) – Schiller: *Schon vorige Woche hab ich meinem Vater um Vergebung geschrieben.* (S. 24/36 f.; Unterstreichungen vom Autor)

Wie reagiert der Vater? Lukas: *Da […] sah ihn sein Vater, und es jammerte ihn, lief und fiel um seinen Hals und küßte ihn.* (15,20) – Schiller: *Ich will ihm schreiben, daß ich meine Hand von ihm wende.* (S. 15/20 f.)

Wie verhält sich der zweite Sohn zum ersten? Lukas: *Da ward er zornig und wollte nicht hineingehen.* Er sagt zum Vater: *So viele Jahre diene ich dir und habe dein Gebot noch nie übertreten; und du hast mir nie einen Bock gegeben, daß ich mit meinen Freunden fröhlich wäre.* (15, 28–29) – Schiller: *Ihr beneidet den schlechtesten Eurer Bauren, daß er nicht Vater ist zu diesem – Ihr habt Kummer, solang ihr diesen Sohn habt.* (S. 13/27–30) *Euer Franz wird sein Leben dransetzen, das Eurige zu verlängern […] – keine Pflicht ist mir so heilig, die ich nicht zu brechen bereit bin, wenns um Euer kostbares Leben zu tun ist.* (S. 13/13–18) – Doppeldeutigkeit der Aussage beachten!

Wie verhält sich der Vater? Lukas: *Mein Sohn, du bist allezeit bei mir, und alles, was mein ist, das ist dein.* (15,31) – Schiller: *Vergib mir, mein Kind; zürne nicht auf einen Vater, der sich in seinen Planen betrogen findet. Der Gott, der mir durch Karln Tränen zusendet, wird sie durch dich, mein Franz, aus meinen Augen wischen.* (S. 13/8–11)

Zentrale Aussage: Lukas: *Ich bin hinfort nicht mehr wert, daß ich dein Sohn heiße.* (15,19) – Schiller: Der alte Moor bittet: *o mein Karl, mein Karl! Vergib mir! […] Ich hab gesündigt im Himmel und vor dir. Ich bin nicht wert, daß du mich Vater nennst.* (S. 131/16–27)

Schiller hält sich stellenweise eng an den Bibeltext, verändert aber das Gleichnis entscheidend: **Aus dem Gleichnis vom verlorenen Sohn wird die Tragödie des verlorenen Vaters.** Der arglistig getäuschte Vater hat unfreiwillig seinen Sohn ins Elend gestürzt (*Ich hab meinen Sohn ermordet,* S. 52/28) und sich damit selbst umgebracht. Die Welt der »Räuber« ist nicht im Zustand der Gnade – hier ist ein versöhnliches Ende nicht möglich.

?

3. Wenn im Unterricht die Besprechung des Sturm und Drang als Epoche vorausgegangen ist, bietet sich als Aufgabe an:

»Die Räuber« – ein typisches Sturm-und-Drang-Schauspiel?[1]

!

Die meisten Informationen dazu finden Sie auf S. 32 ff.

✔ **Typisch für den Sturm und Drang**

- **Form**

– keine Beschränkung im Milieu, auch die untersten Stände (Gauner, Verbrecher) sind vertreten, z. T. in großen Rollen

1 einige Aspekte zu diesem Thema nach: Winkler (s. S. 60), S. 60 f. und 78

(Spiegelberg als der kriminelle Räuber im Gegensatz zu den edlen Räubern Karl, Schweizer, Roller)

- Aufbau nicht den bis dahin gültigen Regeln entsprechend:
  - Aufhebung der drei Einheiten
  - viele, stellenweise kurze Szenen, Ortswechsel
  - Auftreten zahlreicher Personen: Darstellung der Vielfalt des Lebens

- **Sprache**

- viele Ausrufe (Bedeutung des Ausrufezeichens!) als Zeichen der großen Gefühle und Leidenschaften
- Anakoluthe (Satzbrüche): S. 35/27–35; S. 116/23–27; unvollständige Sätze: *Hund, hör auf zu schimpfen, oder –* (S. 70/3); S. 101/15–30.
- Kraftausdrücke: S. 19/35 ff; *Franz heißt die Kanaille?* (S. 26/18); S. 69/37–S. 70/2 (S. 130/12); S. 116/8 f.
- ausdrucksstarke, oft übertriebene Bilder: S. 21/22ff.; S. 31/18–28 und 32–39; S. 35/40–36,40; S. 52/31ff.; S. 80/26–38; S. 97/17–40; S. 116/18–S. 117/25
- Pathos (durchgängig)

- **Inhalt**

- Freiheit (S. 20/27; S. 17/9ff.)
- Liebe zur Natur, Heimat (S. 81/23–29; S. 80/12–S. 89/10)
- Gefühlsausbrüche (Regieanweisungen!; S. 80/1–S. 82/26)

✔ **Nicht typisch für den Sturm und Drang**

politische Aktion nicht im Alltag, sondern in einer Märchenwelt („böhmische Wälder"); **Anerkennung der Weltordnung** am Schluss, damit **Abkehr von der Revolution** und dem Ideal des Menschen, der sich selbst die Gesetze gibt (wie noch Goethes Prometheus, der sich Gott gleich fühlt, Menschen nach seinem eigenen Bild erschafft, die Ohnmacht der Götter verspottet; Gottesfeindschaft, Absage an Schuldbewusstsein, Buße, Reue); bei Schiller dagegen starke **Bedeutung der Religion als Ordnungsmacht** (allerdings einer pietistisch verstandenen Religion ohne Kirche!), vgl. auch Interpretation S. 51 und 57

4. Weiteres mögliches Thema:
Bedeutung von Intrige und Freundschaft

Intrigant – Gegenpol zum Freund

Intrige: Machenschaft, die heimtückisch und hinterlistig die Widerstände beseitigen will, die am Fortkommen und Machterwerb hindern → Gegensatz zur Offenheit des Freundes
Freundschaft: ein Versuch, ein Ideal der Menschheit zu verwirklichen – Intrige dagegen als das Teuflische; in der Freundschaft erfüllen Ich und Du ihre gottgesetzte Aufgabe

4 Intrigen von Franz

- gefälschter Brief aus Leipzig: Verzweiflung des Vaters
- manipulierter Brief an Karl: Karl wird Räuber
- gefälschte Informationen über Karls Tod: physischer und psychischer Zusammenbruch des Vaters (*Körper vom Geist aus verderben,* S. 40/30 f.)
- (gescheiterter) Versuch, Amalia durch Lügen für sich zu gewinnen (vgl. I, 3 und II, 2)

Freundschaft

- Amalia: der zur Liebe und Freundschaft unfähige Franz scheitert bei Amalia, die in ihrer unbedingten Treue zu Karl das Prinzip der Freundschaft verkörpert (s. o. I, 3 und II, 2).
- vorbildliche Freundschaft unter den Räubern: der Hauptmann schwört seinen Leuten Treue wie sie ihm; um Roller zu befreien, wird eine ganze Stadt in Schutt und Asche gelegt (was im Kontext der Szene als großartige Tat anzusehen ist); Schweizer hat Karl das Leben gerettet – Karls Dank: *Schweizer, so ist noch kein Sterblicher geehrt worden wie du! – Räche meinen Vater!* (S. 117/38 f.). In einer aus den Fugen geratenen Welt ist die Räuberbande der Stabilitätsfaktor, weil hier noch das Gesetz der Freundschaft gilt.

Friedrich Schiller

Don Carlos

Die Thematik

Der Mensch in seiner Existenz zwischen den Zwängen der Geschichte und seinem Streben nach individueller Verwirklichung, beim Kampf um seine persönliche Freiheit und um die Freiheit anderer Menschen: ein ewiges Thema der Literatur – und auch von Schillers »Don Carlos«.

Das Historische darin ist nur Nebensache. Denn Unfreiheit war nicht nur Erscheinung der Regierungszeit König Philipps II. von Spanien (1556–1598), in der das Stück spielt, sondern auch für Schiller selbst leidvoll erfahrene Realität. Er fasste die Freiheit auf als etwas, das untrennbar mit der menschlichen Existenz verbunden ist, als Naturrecht. Dazu Friedrich Dürrenmatt:

> *Er griff nicht an, sondern versuchte, die Freiheit des Menschen unangreifbar zu machen. [. . .] Die Freiheit wird nicht durch die Politik realisiert, nicht durch Revolutionen erzielt, sie ist als Grundbedingung des Menschen immer vorhanden, und wäre der Mensch in Ketten geboren.*[1]

Nicht grundlos erklingt am Höhepunkt des »Don Carlos« die Forderung nach *Gedankenfreiheit* (V. 3216). Auch jetzt, an der Wende zum 3. Jahrtausend, ist dieser Ruf noch nicht verstummt. So gesehen beweist das Drama seine **überzeitliche Aktualität**.

»Don Carlos« ist nicht nur ein **idealistisches Geschichtsdrama** (s. unten S. 40f.), sondern bringt auch hoffnungslose Liebe, den Untergang einer Dynastie sowie den Opfermut eines Freundes auf die Bühne. Es wird geliebt, gehasst, gestohlen und intrigiert. Kein Wunder, dass das Werk bis heute eines der effektvollsten des klassischen deutschen Theaters geblieben ist.

---

1 F. Dürrenmatt, Friedrich Schiller. Rede bei der Übergabe des Schillerpreises 1959. In: F. D., Gesammelte Werke in sieben Bänden. Bd. 7: Essays und Gedichte. Zürich: Diogenes 1991. S. 431–451; S. 446/7.

Die Handlung in Kürze

Mitte des 16. Jahrhunderts ist Spanien die stärkste katholische Macht Europas. Don Carlos, der Sohn König Philipps II., liebt heimlich seine Stiefmutter Elisabeth, die ursprünglich ihm bestimmt war, jetzt aber seinem Vater eine treue Gemahlin ist.

Marquis Posa, ein Jugendfreund des Prinzen, versucht Carlos aus seiner Hoffnungslosigkeit zu reißen, indem er ihn auf den Terror aufmerksam macht, mit dem die spanischen Truppen gegen die Bevölkerung der niederländischen Provinzen vorgehen. Der Thronfolger – so der Plan des Marquis – solle sich der Unterdrückten annehmen und dadurch neuen Sinn im Leben finden.

Nach einer Audienz glaubt Philipp in Posa einen neuen Vertrauten gefunden zu haben – und Posas Traum von der Freiheit scheint in greifbare Nähe gerückt zu sein. Doch er scheitert aus mehreren Gründen:

- ✔ **Domingo**, der königliche Beichtvater, und **Herzog Alba**, ein brutaler Feldherr, sorgen sich um ihre Machtposition bei Hofe und intrigieren beim König gegen Carlos.
- ✔ Die **Prinzessin Eboli**, deren Liebe Carlos verschmäht, schließt sich dem Komplott an. Allerdings wird sie ihre Handlungsweise später bereuen.
- ✔ Nicht zuletzt ist es **Carlos** selbst, der durch seine unbedachte Handlungsweise den Plan zum Scheitern bringt.

Den Intriganten gelingt es, die unterschwelligen Ängste des Königs zu bestärken, zwischen Carlos und der Königin bestehe ein Liebesverhältnis. Doch Posa lenkt den Verdacht des Königs auf sich, der ihn daraufhin ermorden lässt. Don Carlos kann das Vermächtnis seines toten Freundes allerdings nicht weiterführen: Sein Vater, auf die geplante Rebellion in den Niederlanden aufmerksam gemacht, lässt ihn festnehmen.

Die Personen

Carlos' Liebe zur (Stief-)Mutter, sein Hass gegen den Vater: keine Dreiecksgeschichte wie andere. Denn in den Hauptpersonen von »Don Carlos« findet sich die Konstellation der antiken Ödipus-Sage wieder, später von Sigmund Freud als psychoanalytisches Beschreibungsmodell herangezogen.

Die Hauptpersonen im Spannungsfeld zwischen …

… Liebe und Hass,

… Misstrauen und Eifersucht,

… Freundschaft und Politik sowie

… blindem Fanatismus.

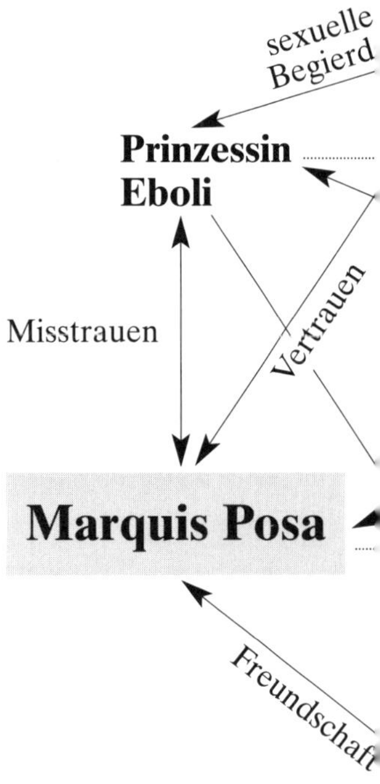

Ödipus, der Sohn des thebanischen Königs, wächst von seinen Eltern getrennt heran, bringt schließlich seinen Vater um und heiratet die Mutter – bei beiden weiß er nicht, um wen es sich wirklich handelt. Schiller hat dieses ödipale Grundschema modifiziert: Der Vatermord ist durch einen unüberbrückbaren Generationenkonflikt ersetzt, und statt der Ehe mit der Mutter hat der Dichter die unerfüllte Liebe zur Stiefmutter als Handlungselement eingeführt.

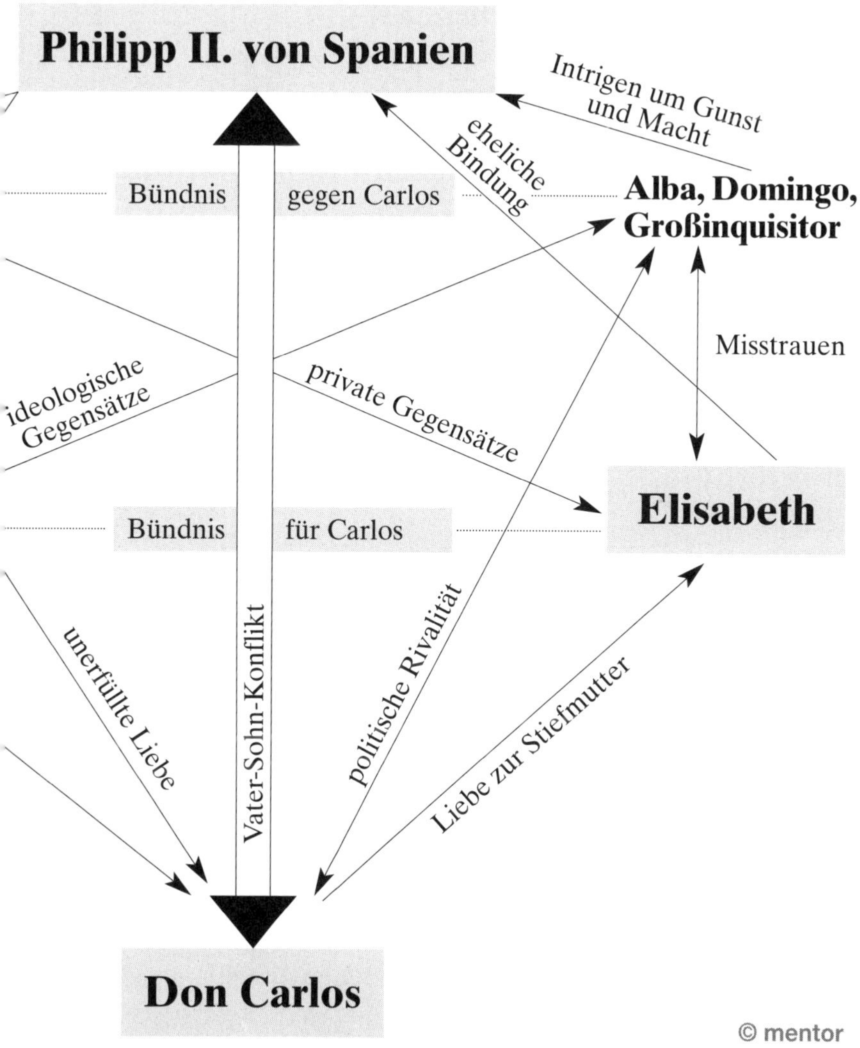

Die Handlung

Spanien im 16. Jahrhundert. Der streng katholische König Philipp II. regiert mit harter Hand. Seine Gattin, die französische Prinzessin Elisabeth, war eigentlich seinem Sohn Carlos zugedacht, doch hat der König sie aus politischen Gründen selbst geheiratet. Was er nicht weiß: Carlos liebt sie noch immer ...

1. Akt: Die Ausgangssituation

Der Garten von Aranjuez: Die Melancholie des Prinzen

(1) Domingo, der königliche Beichtvater, versucht, hinter den Grund von Don Carlos' Schwermut zu kommen. Der Prinz zeigt sich misstrauisch und abweisend, muss er doch fürchten, am Hof von Intriganten umgeben zu sein.

(2) Von einer ganz anderen Seite – nämlich gelöst und offen – zeigt sich Carlos in Gesellschaft seines Jugendfreundes, des Marquis von Posa, der gerade aus den flandrischen Provinzen nach Spanien zurückgekehrt ist. Ihm gesteht der Prinz, dass seine **hoffnungslose Liebe zu Elisabeth** die Ursache seines Kummers ist. Seinen übermächtigen Vater fürchtet er. Posa will Carlos auf andere Gedanken bringen: Er berichtet vom **Terror, den die spanischen Truppen unter Herzog Alba in Flandern ausüben**. Hoffnung für die Niederländer könnte es geben, wenn sich Carlos der Sache annähme. Doch der will nichts davon wissen – zu sehr beschäftigt ihn sein Liebeskummer. Deshalb verspricht ihm Posa, ein **Treffen mit der Königin** zu arrangieren.

Aranjuez, die Hofhaltung der Königin: Elisabeth gewinnt Carlos für neue Aufgaben

(3) Wie Carlos leidet auch Elisabeth unter dem **strengen Zeremoniell des Hofes**. Ihre Gedanken hängen am heimatlichen Frankreich.

(4) Posa gelingt es, eine Unterredung mit ihr herbeizuführen. Da die Gegenwart der Hofdamen ein offenes Gespräch nicht erlaubt, beginnt der Marquis mit einer erfundenen Geschichte über eine italienische Familie, in der er der Königin verschlüsselt die Liebe des Prinzen zu ihr darlegt und sie dadurch auf die bevorstehende Begegnung mit ihm vorbereitet.

(5) Geschickt sind die Prinzessin von Eboli und die Marquisin von Mondecar, Elisabeths Hofdamen, entfernt worden; dem Gespräch mit Carlos unter vier Augen steht somit nichts mehr im Wege. Der Prinz zweifelt, ob Elisabeths Ehe mit Philipp, die aus politischer Kalkulation geschlossen wurde, auch glücklich sein könne, und bekennt in glühenden Worten seine Leidenschaft für die Königin. Sie eröffnet ihm, dass seine Liebe chancenlos sei – immerhin sei sie jetzt offiziell seine Mutter! Es gelingt ihr jedoch, den Prinzen auf ein höheres Ziel umzulenken: **Menschenliebe, nicht Hingabe zu ihr** sei ab nun Carlos' Devise. Bewegt eilt Carlos fort.

(6) König Philipp zeigt schon bei seinem ersten Auftritt **menschliche Kälte, Argwohn und verhärtetes Gefühl**. Missbilligend bemerkt er, dass Elisabeth ohne Begleitung ihrer Hofdamen ist – ein schwerer Verstoß gegen die Etikette. Für diese Verfehlung wird die Marquisin von Mondecar verantwortlich gemacht und auf zehn Jahre vom Hof verbannt. Gegenüber seiner Gattin hegt er eine **besitzergreifende Liebe** voller Eifersucht. Von despotischer Strenge ist Philipp gegenüber seinen Untertanen: Die Niederländer, die vom katholischen Glauben abgefallen sind, sollen aufs Härteste bestraft werden.

(7) Das Königspaar hat sich samt Gefolge entfernt. Posa überbringt Carlos die Nachricht, dass Alba zum flandrischen Gouverneur ernannt worden ist. Der Prinz **plant eine Aussprache mit seinem Vater** und erwartet sich davon, dass er das Gouverneursamt für sich erringen kann.

Zu diesem Zweck will er versuchen, bei Philipp die erhofften Vatergefühle zu wecken.

(8) Der plötzliche Auftritt des Grafen Lerma veranlasst Carlos, im Gespräch mit Posa zu einem recht förmlichen Ton zu wechseln; **(9)** nachdem sich der Störenfried entfernt hat, lässt der Prinz seinen **Freundschaftsbund mit dem Marquis** wieder neu aufleben. Selbst dann noch soll dieses Bündnis Gültigkeit haben, wenn Carlos einmal auf Spaniens Thron sitzen wird. Posa verspricht dem Prinzen, immer wie die Stimme seines Gewissens handeln zu wollen. Nachdem Carlos dem Marquis das *brüderliche Du* (V. 1007) angetragen hat, schließt der Akt in **optimistischem Überschwang**: *[...] Arm in Arm mit dir, / So fordr' ich mein Jahrhundert in die Schranken.* (V. 1013f.)

2. Akt: Der Beginn der Verwicklungen

Im königlichen Palast von Madrid: Die Audienz von Carlos bei seinem Vater scheitert

(1) Don Carlos erbittet von seinem Vater ein Gespräch unter vier Augen.

(2) Der Prinz hofft auf Aussöhnung (und damit auf die Ernennung zum Gouverneur); Philipp reagiert auf seine Gefühlsausbrüche allerdings recht kühl. Er zeigt sich erst betroffen, als Carlos seine Entfremdung vom Vater und dessen Einsamkeit anspricht, die durch Sohnesliebe überwunden werden könne. Als ihn aber Carlos – insgesamt sechsmal! – um ein Kommando in Flandern ersucht, weist ihn der König zurück – er sei zu unerfahren, zu nachsichtig. Hat er seine Audienz noch voll Begeisterung begonnen, so sieht sich der Prinz **am Ende um seine großen Hoffnungen betrogen**. Sein ungestümes Verhalten hat nicht nur den Zorn des Königs geweckt, sondern auch sein Misstrauen: Sollte Carlos vielleicht gar nach der Macht im Lande streben?

(3) Allerdings hat Carlos – ohne es zu wissen – bei Philipp einen gewissen Eindruck hinterlassen. Allein mit Alba, kündigt er diesem an, seinem Sohn künftig mehr Bedeutung beimessen zu wollen.

Vor dem Zimmer der Königin: Carlos hält einen Brief der Prinzessin Eboli für ein Schreiben Elisabeths

(4) Ein Page überbringt Carlos ein anonymes Schreiben der Eboli, in dem sie ihn zu einem zärtlichen Stelldichein einlädt: Fatalerweise hält es der Prinz für ein Schreiben Elisabeths.

(5) Alba sucht auf Weisung des Königs die Aussöhnung mit Carlos, dieser lässt jedoch Alba seine ganze Verachtung spüren. Ein Wort gibt das andere, beide beginnen zu fechten, **(6)** bis die Königin aus ihrem Zimmer tritt und ihnen Einhalt gebietet. Carlos gehorcht ohne Zögern, bietet Alba Versöhnung an und eilt fort. Diese Reaktion auf das Erscheinen der Königin erregt Albas Misstrauen.

Kabinett der Prinzessin Eboli: Carlos macht sich die Prinzessin Eboli zur Mitwisserin und zur Feindin

(7) Der Page berichtet der Prinzessin, dass er Carlos den Brief übergeben habe. **(8)** Die Begegnung mit dem Prinzen zerstört ihre Hoffnungen: Erst spät (V. 1855ff.) wird ihr klar, dass Carlos **nicht sie, sondern seine Stiefmutter liebt**. Zugleich erfährt der Prinz, dass Philipp seinerseits der Prinzessin nachstellt (V. 1869ff.); einen verräterischen Brief, der sie zu einem Rendezvous beim König bestellt, behält Carlos für sich. Dadurch, dass sein Vater seine Ehe mit Elisabeth zu brechen bereit ist, sieht sich auch Carlos im Recht, seine Stiefmutter zu lieben. **(9)** Die gedemütigte Eboli ist empört: Nicht zuletzt aus Enttäuschung darüber, dass die als so tugendhaft geltende Königin in eine vermeintliche Affäre verstrickt ist, ist sie **zur Rache entschlossen**.

Zimmer im königlichen Palast: Die Intriganten formieren sich

(10) Domingo hegt gegen Elisabeth und Carlos politisch motiviertes Misstrauen: In ihnen stecke bereits das *Gift der Neuerer* (V. 2041), sie müssten daher ausgeschaltet werden.

(11) Es ist nicht schwer, die persönlich tief verletzte Eboli für eine perfide Intrige zu gewinnen: **(12, 13)** Sie soll aus dem Schlafzimmer der Königin **belastendes Briefmaterial entwenden** (V. 2178ff.) und es dem König bei einem Stelldichein zuspielen, sodass dieser über das angebliche Liebesverhältnis zwischen Carlos und Elisabeth unterrichtet wird.

In einem irren sich die Intriganten allerdings: Sie glauben Carlos von der übrigen Hofgesellschaft isoliert (V. 2192f.), rechnen daher nicht mit Posa.

In einem Kartäuserkloster: Posa führt Carlos wieder zu seinen Idealen zurück

(14) Carlos erwartet Posa zu einem geheimen Treffen. **(15)** Er unterrichtet ihn über seine gescheiterte Audienz sowie über seine unglückliche Begegnung mit der Prinzessin. Posa sieht seinen Plan in Gefahr, Carlos für höhere Ziele zu begeistern. Er fürchtet, dass sich der Prinz ebenfalls dem Intrigenspiel bei Hofe anschließen könnte, und zerreißt Philipps kompromittierenden Brief. Dadurch will er Carlos wieder zu seinen Pflichten gegenüber den niederländischen Provinzen führen. Er hält deshalb auch eine neuerliche Aussprache zwischen der Königin, die sich ebenfalls für Flandern einsetzt, und Carlos für sinnvoll. Beim Auseinandergehen warnt der Prinz seinen Freund: Der König lasse alle Briefe öffnen, die nach Flandern abgehen.

3. Akt: Der Höhepunkt

Schlafzimmer des Königs: Die Einsamkeit Philipps

(1) Dem König sind die angeblich verräterischen Briefe (vgl. II/12, V. 2178ff. sowie IV/9, V. 3692ff.) zugespielt worden – die Intrige gerät ins Rollen. Philipp hat die ganze Nacht durchgewacht. **(2)** Misstrauen und Eifersucht haben sein Denken vergiftet: Den besorgten Lerma, der für die Königin Partei ergreift, verdächtigt er, von ihr bestochen worden zu sein. **(3)** Alba hingegen bestärkt den König in seinem Verdacht gegen Carlos und Elisabeth; nicht zuletzt dadurch, indem er ihn über das Treffen der beiden in Aranjuez (vgl. I/5) unterrichtet. Als Alba jedoch den großen Altersunterschied zwischen König und Königin ins Gespräch bringt und an der Liebesbeziehung zweifelt, unterläuft ihm damit ein schwerwiegender Fehler: Kalt fertigt ihn der gekränkte König ab (V. 2656ff.).

(4) Auch Domingo, der zweite Intrigant, überspannt den Bogen, als er andeutet, dass die kleine Tochter Elisabeths nicht Philipp zum Vater haben könnte (V. 2737ff.). Der König ist erzürnt; er ahnt, dass Alba und Domingo von niedrigen Motiven geleitet sind und droht ihnen mit einem Prozess zur Wahrheitsfindung, den entweder die Beschuldigten oder die Ankläger mit ihrem Leben bezahlen sollen.

(5) Nachdem Alba und Domingo derart in Ungnade gefallen sind, wird dem König bewusst, **dass ihm ein Mensch fehlt, dem er rückhaltlos vertrauen kann**: *Gib mir / Den seltnen Mann mit reinem, offnen Herzen, / Mit hellem Geist und unbefangnen Augen, [...]* (V. 2822ff.). Beim Durchblättern von Namenslisten stößt er auf Marquis Posa, der sein Interesse weckt – immerhin hat dieser es bislang noch nicht für notwendig erachtet, sich lieb Kind beim König zu machen: *Wer mich / Entbehren kann, wird Wahrheit für mich haben.* (V. 2850f.)

Der Audienzsaal: Das Interesse des Königs an Posa wächst

(6) Die Granden erwarten den König. Unter ihnen befindet sich Medina Sidonia, der Admiral jener Flotte, die gegen England ausgesandt worden und zugrunde gegangen ist. Wegen seines Versagens wird er von den anderen Adeligen geschnitten, allein Carlos zeigt sich teilnahmsvoll.

(7) Auch der König reagiert milde – nicht menschliches Versagen, sondern Gottes Wille sei der Grund für Medina Sidonias Scheitern gewesen. Bei seinen Adeligen erkundigt sich Philipp nach der Person Posas; er ist sehr erstaunt, als ihm ohne Anflug von Neid nur das Beste über den Marquis berichtet wird. Philipps Neugierde wächst; er möchte diesen außerordentlichen Menschen unbedingt kennen lernen.

Das Kabinett des Königs: Die Begegnung zwischen Philipp und Posa

(8) Posa zeigt sich überrascht, dass ihn der König zu sprechen wünscht. Alba rät ihm, die Gunst der Stunde weise zu nützen. **(9)** Allein mit sich, fasst Posa den Entschluss, **den König mit seinen politischen Ideen konfrontieren zu wollen**.

Die folgende Szene zählt zu den berühmtesten der deutschsprachigen Dramenliteratur: auf der einen Seite der strenge Despot Philipp, auf der anderen Seite der feurige Schwärmer Posa, der seine aufklärerischen Ideen über **Freiheit, Gleichheit und Menschenglück** offen zur Sprache bringt.

(10) Philipp ist gespannt, warum sich Posa nie vor seinem Thron habe sehen lassen. Die überraschende und mutige Antwort: *Ich kann nicht Fürstendiener sein* (V. 3022,

V. 3065). Schon meint Philipp, er habe es mit einem Ketzer zu tun, doch Posa wehrt ab: Seine Ideen seien bloß **seiner Zeit weit voraus**. Der Argwohn des Königs, Posas Taktik könne auch die eines originellen Schmeichlers sein, wird von seinem Gegenüber zurückgewiesen: Philipps Denkweise sei typisch für einen Despoten, der es sich nicht leisten könne, jemandem zu vertrauen. Schließlich kommt Posa zum eigentlichen Kern seiner Unterredung: Philipp solle seine Macht dahin gehend nützen, eine neue Epoche anbrechen zu lassen: *Ein Federzug von dieser Hand, und neu / Erschaffen wird die Erde. Geben Sie / Gedankenfreiheit* (V. 3214ff.). Der König, von Posas außergewöhnlichem Charakter und seiner Offenheit beeindruckt, weiht ihn in seine privaten Probleme ein, nicht ohne ihn vor seinen Häschern zu warnen. Der Marquis verlässt Philipp als dessen neuer Vertrauter: Er soll herausfinden, ob an den Gerüchten über eine Beziehung zwischen Elisabeth und Carlos etwas dran ist.

4. Akt: Der Umschwung der Handlung

Saal bei der Königin: Posas Unterredung mit Elisabeth

(1) Die Königin möchte ihre Privatschatulle aufbrechen lassen, da sie den Schlüssel dazu nicht finden kann. Die Prinzessin von Eboli verhält sich auffallend nervös – kein Wunder, steht doch der von ihr begangene Diebstahl der Briefe vor der unmittelbaren Entdeckung.

(2) Posa verlangt die Königin allein zu sprechen. **(3)** Er hat für sie eine eher unerhebliche Botschaft Philipps, doch nutzt er die Situation, um Elisabeth in seine Pläne einzubinden, ohne sie allzu sehr darin einzuweihen. Sie soll Carlos zu einer **Rebellion in Flandern** anstiften, die den König vor vollendete Tatsachen stellt. Nach seiner Unterredung mit Philipp hält es Posa für möglich, dass ein dermaßen riskanter Plan aufgehen könnte.

Galerie: Die Freundschaft zwischen Carlos und Posa gerät in ihre erste Krise

(4) Besorgt teilt Lerma dem Prinzen seine Vorbehalte mit, die er gegen Posa, den neuen Günstling des Königs, hegt. **(5)** Posa zeigt sich Carlos gegenüber recht zugeknöpft, als das Gespräch auf seine Audienz beim König kommt. Seine Antworten sind eher allgemein, stellenweise sogar unaufrichtig. Das **Misstrauen des Prinzen** ist geweckt, als ihn Posa um die Tasche mit seiner Korrespondenz bittet – auch ein Brief Elisabeths befindet sich darunter. Widerstrebend folgt ihm Carlos – er mag nicht glauben, dass Posa sich auf die Seite seines Vaters geschlagen haben könnte. **(6)** Im folgenden Monolog enthüllt Posa die Motive für seine Handlungsweise: Einerseits fühlt er sich auch Philipp verpflichtet, der ihm sein Vertrauen geschenkt hat; andererseits will er versuchen, durch die Eigenmächtigkeit seines Handelns Don Carlos vor den zu erwartenden Verstrickungen zu schützen.

Das Kabinett des Königs: Philipps Verdacht gegen Elisabeth wird zerstreut

(7) Philipp wird von Zweifeln geplagt, ob er wirklich der Vater seiner kleinen Tochter ist, **(8)** als ihm der Besuch der Königin gemeldet wird. **(9)** Aufgebracht berichtet sie ihm vom Diebstahl ihrer Briefe, darunter auch welche aus ihrer Verlobungszeit mit Carlos. Ihre Erregung verwandelt sich in Verachtung, als sie erkennt, dass der König hinter deren Verschwinden steht. Ein heftiger Wortwechsel führt dazu, dass die Königin ohnmächtig zu Boden sinkt und sich dabei leicht verletzt. Philipp macht sich dabei weniger Sorgen um das Wohl seiner Gattin als um den zu erwartenden Skandal – **(10)** nicht zu Unrecht, denn schon werden Alba und Domingo Zeugen der Szene. **(11)** Erleichtert nimmt Philipp das Kommen Posas zur Kenntnis; **(12)** diesem gelingt es in der Folge, Philipps Eifersucht zu zerstreuen: Elisabeth sei in ihrem Handeln bloß von politischem Ehrgeiz beseelt gewesen. Der König möchte Carlos überwachen lassen, gibt Posa den Auftrag dazu und – auf dessen besonderen Wunsch – sogar einen geheimen **Haftbefehl**.

Galerie: Lerma warnt Carlos erneut vor Posa

(13) Obwohl Posas Handlungen darauf zielen, Freiraum für Carlos und die Flandernpläne zu schaffen, muss es so aussehen, als ob er sich des Prinzen nur bedient habe, um seinen Aufstieg bei Hofe zu beschleunigen. Daran mag Carlos nicht glauben; er meint vielmehr, dass **Posa die Freundschaft zu ihm höheren Zielen geopfert habe** – dem Glück der Menschheit (V. 3966ff.). Jedenfalls will der Prinz die Königin vor einem kompromittierenden Brief warnen, den er – fälschlicherweise – in der Hand seines Vaters glaubt.

Ein Zimmer der Königin: Die Gegenintrige

(14) Alba und Domingo schwärzen Posa bei der Königin an: Er soll es gewesen sein, der ihre Schatulle aufgebrochen hat. Auch habe er dem König die Korrespondenz des Prinzen zugespielt. Elisabeth durchschaut das Spiel der Intriganten und fertigt sie ironisch ab.

Zimmer der Eboli: Posa verhaftet Don Carlos

(15) Carlos bestürmt die Eboli, ihm ein Gespräch mit seiner Mutter zu ermöglichen. **(16)** Atemlos stürzt Posa herein; er fürchtet, dass Carlos der Prinzessin Genaueres über sein Verhältnis zur Königin verrät, und lässt ihn kurzerhand verhaften – kein Wunder, dass der Prinz an einen Treuebruch des Freundes glauben muss. **(17)** Posa, der nicht weiß, in welchem Maße die Eboli bereits zur Mitwisserin geworden ist, ist vorübergehend sogar entschlossen, sie durch Mord zum Schweigen zu bringen, entscheidet sich dann aber doch anders.

Zimmer der Königin: Elisabeth erfährt die Wahrheit

(18) Die Königin, von den sich überschlagenden Ereignissen aufgeschreckt, **(19)** wird von der Eboli über die Verhaftung des Prinzen unterrichtet. Da die Prinzessin glaubt, dass Carlos für den Diebstahl der Briefe aus Elisabeths Schatulle, den sie selbst begangen hat, zur Rechenschaft gezogen wird, **beichtet sie alles der Königin** – auch ihr Verhältnis mit dem König. **(20)** Für diese Verfehlung lässt Elisabeth sie in ein Kloster verbannen.

(21) Posa hat erkannt, dass **seine Pläne gescheitert sind**. Carlos, so berichtet er der Königin, solle Madrid heimlich verlassen, er selbst werde sich für seinen Freund opfern. Noch einmal entzündet sich der Marquis an seiner idealistischen Utopie. Des Prinzen Liebe zur Königin sei für Posa nur ein Mittel gewesen, Carlos seiner inneren Reifung zuzuführen – Elisabeth solle das Werk fortsetzen. Die Königin sieht nicht die Zusammenhänge im Handeln des Marquis und hält ihm vor, den Weg des Selbstopfers nur aus persönlicher Eitelkeit zu wählen (V. 4384ff.). – Lässt Posas Verhalten in diesem Teil der Szene den Schluss zu, dass er selbst in die Königin verliebt ist? Eine Frage, die letztlich unbeantwortet bleibt.

Vorzimmer des Königs: Philipp muss an einen Verrat Posas glauben

(22) Wie will sich Posa für den Freund opfern? – Wohl wissend, dass jede Post nach Flandern kontrolliert wird (vgl. II/15), hat er einen Brief nach Brüssel geschrieben, der ihn selbst schwer belastet und dadurch **von Carlos ablenken soll**. Das Schreiben wird vom Oberpostmeister persönlich dem König überbracht, **(23)** den Posas vermeintlicher Verrat wie ein Keulenschlag trifft. Schon macht unter den versammelten Granden eine unglaubliche Nachricht die Runde: *Der König hat / Geweint* (V. 4465f.). **(24)** Alba und Domingo jubeln, sie stehen wieder in Philipps Gunst.

5. Akt: Die Katastrophe

Ein Zimmer im königlichen Palast: Posas Tod

(1) Posa besucht den inhaftierten Carlos. Dieser meint, von seinem Freund für dessen Pläne geopfert worden zu sein, bekommt aber von Posa jene Briefe ausgehändigt, die er in der Hand seines Vaters glaubt. Posa erklärt Carlos, seine Verhaftung sei zu seinem eigenen Schutz geschehen. **(2)** Alba benachrichtigt den Prinzen, dass seine Haft ein Versehen und damit zu Ende sei; Carlos wünscht aber, dass sich der König bei ihm persönlich entschuldige.

(3) Das Verhalten Albas, der Posa keines Blickes gewürdigt hat, kommt Carlos seltsam vor; Posa selbst erkennt daraus, dass dem König die Briefe, in denen er sich selbst belastet hat, zugespielt worden sind und **sein Tod damit beschlossene Sache ist**. Bewegt nimmt er von seinem Freund Abschied und klärt ihn über seine wahren Motive auf. Carlos fürchtet um Posas Leben; er will vor seinen Vater treten, um ihm die ganze Wahrheit zu enthüllen. Da wird Posa von der Kugel eines gedungenen Meuchelmörders niedergestreckt.

(4) Fassungslos steht Carlos an Posas Leiche. Den Vater, der gekommen ist, um sich mit seinem Sohn zu versöhnen, stößt er zurück. Carlos enthüllt den Anwesenden Posas wahre Motive – ohne zu bedenken, dass Posas Opfer dadurch sinnlos werden muss. Der Prinz bietet dem König sogar sein eigenes Leben an, **(5)** als ein Offizier Nachricht von einer **Rebellion in Madrid** bringt, die Carlos' Freilassung erzwingen soll (und die, wie man später erfährt, von der Königin angezettelt worden ist). Der König, von den Ereignissen überwältigt, muss ohnmächtig fortgetragen werden, während Alba zur Niederschlagung des Aufstands aufbricht.

(6) Ein Bote unterrichtet Carlos, dass ihn die Königin um Mitternacht sprechen möchte. Um an den abergläubischen

Wachen vorbeizukommen, solle er sich als Geist seines Großvaters verkleiden. **(7)** Lerma, der in Carlos die Hoffnung auf ein besseres Spanien sieht, warnt ihn ein letztes Mal, diesmal vor der **Rache des Königs**.

Vorzimmer des Königs: Philipp will seinen Sohn opfern

(8) Alba hat die Rebellion niedergeschlagen, aber auch Nachricht von den Befreiungsplänen Posas bekommen, ebenso von der bevorstehenden Flucht des Prinzen und einer Unterredung mit seiner Mutter, die zuvor stattfinden soll. **(9)** Den König, dem er all dies melden will, trifft er in bedenklicher Gemütslage an: voll Reue über Posas Tod, aber auch in der Erkenntnis, dass Posa alles dem Freiheitsideal untergeordnet hat – die Freundschaft zu Carlos ebenso wie das Vertrauensverhältnis zu ihm selbst, dem König. Dafür will sich Philipp **an der Menschheit rächen**, zuallererst an Carlos – er lässt den Großinquisitor rufen.

(10) Das Schicksal des Prinzen wird durch **Philipps Gespräch mit dem Großinquisitor** besiegelt, einem **blinden Greis**, der die Macht der **Kirche** und ihres allwissenden Überwachungssystems repräsentiert. Sogar der König muss sich ihm beugen: Wie Gott einst Christus am Kreuz geopfert habe, so solle auch Philipp seinen Sohn zum Heil der alten Ordnung opfern, die der *Ketzer* (V. 5167) Posa zu erschüttern gewagt hat.

Zimmer der Königin: Carlos' Untergang

(11) Verkleidet hat sich der Prinz Einlass ins Gemach der Königin verschafft. Elisabeth beschwört noch einmal das Vermächtnis des toten Posa. Carlos erklärt, dass die Liebe zur Menschheit zukünftig der Sinn seines Lebens sei, nicht mehr die Leidenschaft zu seiner Stiefmutter. Er nimmt von ihr Abschied. Posas Saat ist aufgegangen: Carlos ist geläutert und endgültig reif für höhere Ziele. Da taucht Philipp auf und liefert seinen Sohn dem Glaubensgericht und damit dem sicheren Tod aus.

Ziel des vorigen Abschnitts war es, Ihnen bei der inhaltlichen Orientierung ein wenig zur Hand zu gehen. Sie können Ihr Verständnis für das Werk allerdings noch vertiefen, wenn Sie eine alte Faustregel beachten: **Nach Möglichkeit lese man ein Drama nicht nur, sondern sehe es sich auch an** – im Theater oder als Fernsehspiel. Dank der schauspielerischen Präsentation, der Intonation, Mimik und Gestik kann vieles, was bei der Lektüre missverständlich gewesen ist, an Klarheit gewinnen.

Zugegeben: Es ist nicht ganz einfach, in dem Netz von Intrigen und Gegenintrigen den Durchblick zu bewahren. Je verwickelter die Handlung, desto schwieriger ist es herauszufinden, was die Figuren eigentlich bezwecken.

Die folgenden Seiten sollen Ihnen nun dabei helfen, auch etwas über das **Umfeld des Textes** zu erfahren und ihn dadurch auch ein wenig besser zu verstehen. Dieser Teil des Buches gliedert sich in zwei Abschnitte:

- ✔ In einen Teil, der Sie kurz und konzentriert mit **Faktenwissen** rund um »Don Carlos« ausrüstet: über den **Autor**, über seine **Werke**, über die **historischen Vorgänge**, die das Drama zum Thema hat (und wie sie von Schiller verändert wurden), über den **Aufbau des Texts** und seine **sprachliche Form**, über die **Entstehungszeit** des Stücks und die damaligen **literarischen Strömungen**, schließlich über die **literarische Gattung**, der es angehört. **Wort- und Sacherklärungen** sollen Ihnen helfen, den Text richtig zu verstehen, und wenn Sie von diesem Thema noch immer nicht genug haben sollten, so gibt Ihnen eine kleine Liste mit **Lese- und Hörtipps** noch einige Anregungen.
- ✔ Der zweite Abschnitt erörtert die **grundlegenden inhaltlichen Aspekte**: Zunächst eröffnet Ihnen der **Interpretationsteil** drei mögliche Zugänge zum Textverständnis, und am Ende geben Ihnen **Aufgaben mit Lösungstipps** einige Hilfestellungen für Klausuren oder Referate.

Friedrich Schiller
*** 10. November 1759**
in Marbach/Neckar
† 9. Mai 1805 in Weimar

1759 Schiller wird in Marbach am Neckar geboren. Anders als sein Dichterkollege und späterer Freund Goethe stammt er nicht aus dem Großbürgertum, sondern wächst als Sohn eines ehemaligen Wundarztes in einfachen Verhältnissen auf.

1773–80 Schiller möchte ursprünglich Pfarrer werden, wird aber auf Befehl des württembergischen Herzogs in die **Karlsschule** aufgenommen – eine Eliteanstalt, in der scharfer militärischer Drill herrscht. Die Zöglinge sind von der Außenwelt völlig abgeschnitten und werden durch harte Strafen und Bespitzelung fügsam gemacht. 1775 wendet sich Schiller dem Medizinstudium zu.

1782 Sein erstes Drama, »Die Räuber«, erlebt bei der Uraufführung in Mannheim einen triumphalen Erfolg. Schiller flüchtet aus Stuttgart, nachdem ihm Herzog Karl Eugen das *Komödieschreiben* verboten hat. Es beginnen lange Jahre ungesicherter beruflicher und finanzieller Existenz.

1782–83 Auf Einladung der Henriette von Wolzogen arbeitet Schiller im thüringischen Bauerbach (vgl. unten S. 38f.).

1784 »Die Verschwörung des Fiesco zu Genua« und »Kabale und Liebe« werden in Mannheim und Frankfurt aufgeführt.

1785–87 Schiller wohnt bei seinem Freund Christian Gottfried Körner in Leipzig, später in Dresden. Er schreibt am »Don Carlos«; mehrere Umarbeitungen entstehen.

1787–88 Erster Aufenthalt in Weimar, wo er auch Goethe kennen lernt. Noch stehen beide einander sehr reserviert gegenüber; Goethe schreibt später sogar über seinen ersten Eindruck: *Schiller war mir verhaßt.*

1788 Schiller erlangt an der Universität Jena eine **Professur für Geschichte** – allerdings ohne Besoldung. Im darauf folgenden Jahr hält er seine berühmte Antrittsvorlesung »Was heißt und zu welchem Ende studieren wir Universalgeschichte?«.

1790 **Heirat** mit Charlotte von Lengefeld.

1791 **Schwere Erkrankung** Schillers, die seinen Körper nachhaltig schwächt. In der zeitgenössischen Presse wird bereits über seinen Tod berichtet.

1792 Das revolutionäre Frankreich macht den Freiheitsdichter Schiller zu seinem Ehrenbürger.

1794 Die **Freundschaft zwischen Schiller und Goethe** beginnt: eine aus Anregungen, Gedankenaustausch und konstruktiver Kritik bestehende Zusammenarbeit, die in der Geistesgeschichte ihresgleichen sucht.

1799–1804 Schiller vollendet seine **klassischen Dramen**: »Wallenstein«, »Maria Stuart«, »Die Jungfrau von Orleans«, »Die Braut von Messina«, »Wilhelm Tell«.

1805 Schiller stirbt nach langer und schmerzvoller Krankheit in Weimar.

Schiller begann seine literarische Laufbahn als **Dramatiker**. Bereits mit seinen ersten Bühnenstücken sorgte er bei seinen Zeitgenossen für Aufsehen; einigen Themen und Motiven seiner frühen Werke begegnet man bei »Don Carlos« wieder.

1782 »Die Räuber«: Ein junger Mann glaubt, von seinem Vater verstoßen worden zu sein, in Wirklichkeit ist er aber nur Opfer einer Intrige seines Bruders.

1783 »Die Verschwörung des Fiesco zu Genua« hat den Sturz eines tyrannischen Regimes durch Republikaner zum Inhalt – zeigt aber auch, wie Freiheitskämpfer durch die Macht verblendet werden können.

1784 »Kabale und Liebe«: Ein einflussreicher Mann bei Hofe versucht mittels einer Kabale (= Intrige), seinen Sohn und dessen bürgerliche Geliebte voneinander zu entfremden.

1787 »Don Carlos«

Schillers große klassische Dramen schöpfen zum größten Teil aus historischen Stoffen; ein Kernproblem darin ist der Konflikt des Individuums zwischen Pflicht und Neigung:

1798/99 Die **Wallenstein-Trilogie**: »Wallensteins Lager«, »Die Piccolomini« und »Wallensteins Tod«.

1800 »Maria Stuart«, eine Episode aus der schottisch-englischen Geschichte, bringt zwei gegensätzliche Frauencharaktere auf die Bühne.

1801 Die „romantische Tragödie“ »Die Jungfrau von Orleans« schildert Leben und Untergang der französischen Nationalheldin.

1804 Die sagenhafte Gestalt des »Wilhelm Tell« ist Mittelpunkt des Stücks über den Freiheitskampf der Schweizer.

Sie sehen: Nach der Uraufführung von »Don Carlos« dauerte es über ein Jahrzehnt, bis wieder ein neues Drama Schillers auf die Bühne gebracht wurde. In dieser Zeit schuf sich der Dichter eine neue familiäre und berufliche Existenz und widmete sich seinen **Schriften zur Geschichte und zur Kunst**; letztere sind vor allem zum Verständnis seiner klassischen Theaterstücke wichtig:

1793 »Über Anmut und Würde«

1795/96 »Über naive und sentimentalische Dichtung«

In seiner **Ideenlyrik** brachte Schiller philosophische und weltanschauliche Inhalte in Gedichtform. Einer seiner Kerngedanken ist, dass die Fähigkeit des Menschen zur Kunst ihm die Möglichkeit bietet, die Welt besser zu gestalten. Berühmt wurden unter anderem:

1786 »An die Freude«, eine Ode, die 1824 von Beethoven als Schlusschor seiner 9. Symphonie vertont wurde

1799 »Das Lied von der Glocke«

Einige seiner populärsten **Balladen** entstanden im freundschaftlichen Wettstreit mit Goethe; »Der Taucher«, »Der Ring des Polykrates« und »Die Kraniche des Ibykus« sind berühmte Beispiele aus dem „Balladenjahr" 1797.

Um seine Finanzen aufzupolieren, griff Schiller bei seinen **erzählenden Texten** auf publikumswirksame Stoffe zurück – wie etwa bei »Der Verbrecher aus verlorener Ehre« (1786), der ersten bedeutenden deutschen Kriminalgeschichte.

1859, zur Wiederkehr von Schillers 100. Geburtstag, feierte man landesweit das größte Fest, das die Deutschen jemals einem ihrer Dichter bereitet haben: Prachtausgaben wurden veröffentlicht, Festzüge und Festreden organisiert, Denkmäler enthüllt – die Begeisterung erfasste alle Stände. Schillers Wirkung übertraf während des 19. Jahrhunderts in der deutschen Öffentlichkeit jene von Goethe; er war der Hausdichter aller Patrioten und Bildungsbürger. Heute sieht man sein Schaffen weitaus kritischer und distanzierter.

1. Schillers Quellen

Für seinen »Don Carlos« hat Schiller eine Reihe von Quellen herangezogen; die beiden wichtigsten sind:

- ✔ die antispanische »Histoire de Dom Carlos, fils de Philippe II« von **Abbé de Saint-Réal** (1672), die romanhafte Darstellung einer erfundenen Liebeshandlung zwischen Elisabeth und Carlos;
- ✔ die »History of the Reign of Philipp II, King of Spain« von **Robert Watson** (1777); Don Carlos bleibt darin aber nur Randfigur.

Für ein faktentreues, authentisches Drama waren diese Quellen allesamt wenig ergiebig. Doch darum ging es Schiller auch nicht; in erster Linie wollte er – wie auch bei seinen späteren Geschichtsdramen – eine **abstrakte Idee durch die dramatisierte Darstellung historischer Gegebenheiten konkretisieren**.

2. Übernahme historischer Fakten durch Schiller

> *Meine erste Handlung,*
> *Als ich das Licht der Welt erblickte, war*
> *Ein Muttermord.* (V. 31ff.)

Don Carlos, geboren am 8. Juli 1545, entstammt einer habsburgischen Inzuchtehe: Sein Vater Philipp II. und seine Mutter Maria, eine portugiesische Prinzessin, waren Cousin und Cousine. Einige Historiker führen deshalb die später auftretende geistige Zerrüttung des Prinzen auf Erbschäden zurück. Die siebzehnjährige Maria starb vier Tage nach der Entbindung.

> *Ich weiß ja nicht, was Vater heißt – [. . .]* (V. 193)

Zwischen dem dritten und dem vierzehnten Lebensjahr des Prinzen befand sich Philipp ständig außerhalb Spaniens – in den Niederlanden, in England, in Deutschland. In dieser Zeit wurde Carlos von Ammen und der ehemaligen Erzieherin seines Vaters betreut.

> *Die Königin gehörte dir, war dir*
> *Geraubt von dem Monarchen – [. . .]* (V. 2427f.)

Seinen ursprünglichen Plan, Carlos mit der französischen Königstochter Elisabeth von Valois zu verheiraten, gab Philipp aus zwei Gründen auf: 1558 war Maria von England, seine zweite Gattin, gestorben; außerdem hatten Spanier und Franzosen 1559 in Cateau-Cambrésis Frieden geschlossen. Die veränderten privaten wie politischen Umstände bewogen Philipp, sich selbst mit der Prinzessin zu vermählen. 1560, als die Hochzeit stattfand, war sie gerade im 15. Lebensjahr. Dass zwischen ihr und Don Carlos ein Liebesverhältnis bestanden haben soll, ist allerdings Erfindung.

> *Die Pest*
> *Der Ketzerei steckt meine Völker an,*
> *Der Aufruhr wächst in meinen Niederlanden.* (V. 892ff.)

Noch vor seinem Tod (1558) ermahnte Karl V. seinen Sohn Philipp, rücksichtslos gegen alle Protestanten vorzugehen. Spanien war zu diesem Zeitpunkt die stärkste katholische Macht Europas und kontrollierte unter anderem auch die protestantischen Niederlande, ein wirtschaftlich wichtiges Gebiet. 1568 verurteilte Philipp II. alle Niederländer wegen Ketzerei zum Tode – ein auf beiden Seiten grausam geführter Kampf begann, der erst nach 80 Jahren mit der Unabhängigkeit der Niederlande endete: der längste Freiheitskrieg der Geschichte! Inwieweit Don Carlos in diesen Aufstand verwickelt gewesen ist, ist unter Historikern umstritten.

3. Veränderungen historischer Fakten durch Schiller

> *[. . .] verdammet*
> *Den Jüngling nicht, der diese Sprache gegen*
> *Den Vater und den König führt – [. . .]* (V. 4835ff.)

Die geschichtliche Wirklichkeit des Vater-Sohn-Konflikts übertraf das, was Schillers Phantasie auf die Bühne brachte. Der Hass des Prinzen gegen seinen Vater war am spanischen Hof kein Geheimnis; seine **Launenhaftigkeit und Gewalttätigkeit** ließen sich ebenfalls nicht übersehen. So erstach er eigenhändig das Lieblingspferd Philipps, und auf einer Liste jener Personen, die er am meisten verabscheute, stand an erster Stelle der Name seines Vaters. Schon als Kind hatte Carlos sadistische Anwandlungen gehabt, indem er sich dabei vergnügte, Tiere bei lebendigem Leib zu rösten. Nach einem Sturz von einer Treppe (1563) trat das Gemeingefährliche und Krankhafte in seiner Persönlichkeit noch stärker zutage. Kein Wunder, dass der König seinen Sohn überwachen ließ; 1568 verfügte er sogar, dass über den Prinzen bei Hofe nicht mehr gesprochen werden dürfe. Der edle Charakter von Schillers Carlos hat daher mit seinem historischen Vorbild wenig zu tun und ist im Großen und Ganzen ein Produkt idealisierender Phantasie.

> *Und bittet er nicht jede Zärtlichkeit,*
> *Die ihm vielleicht in Fieberglut entwischte,*
> *Dem Zepter ab und seinen grauen Haaren?* (V. 697ff.)

Um den **Generationenkonflikt zwischen Philipp und Carlos** schärfer zeichnen zu können, hat Schiller aus dem König eine greisenhafte Erscheinung gemacht. In Wahrheit betrug der Altersunterschied zwischen den beiden bloß 18 Jahre; da der Prinz *ein dreiundzwanzigjähr'ger Jüngling* (V. 973) ist, wäre sein Vater – nach heutigen Begriffen – ein Mann mittleren Alters.

> *Ich verlor ihm eine Flotte,*
> *Wie keine noch im Meer erschien – [...]* (V. 2861f.)

Gemeint ist die geplante Invasion Englands durch die spanische Flotte, die **Armada** – ein Unternehmen, das schließlich in einer Katastrophe endete: Philipp verlor über 70 große Schiffe und an die 10 000 Mann. 1588, als dieses Ereignis stattfand, war Don Carlos bereits 20 Jahre tot. Schiller hat hier die historische Chronologie bewusst umgestoßen, um das versöhnliche Verhalten des Königs zu zeigen, der dem verantwortlichen Admiral Medina Sidonia großmütig vergibt. Damit wird die

Audienzszene mit dem Marquis geschickt vorbereitet, denn durch diese menschliche Wandlung Philipps erscheint die wohlwollende Reaktion auf Posas Forderungen glaubwürdiger.

> *Marquis von Posa? – Posa? – Posa? Kann*
> *Ich dieses Menschen mich doch kaum besinnen!*
> (V. 2839f.)

In Schillers Hauptquelle, der »Histoire de Dom Carlos« (1672) des Abbé de St-Réal, wird von einem Marquis von Posa berichtet, einem Günstling des Prinzen. Viel erfährt man jedoch nicht über ihn: Er sei eine außergewöhnliche Persönlichkeit gewesen, die Freundschaft mit dem Prinzen sei vor der Hofgesellschaft geheim gehalten worden, schließlich habe ihn der König umbringen lassen. Aus dieser Randfigur formte Schiller schließlich jene Gestalt des Dramas, die am stärksten seiner dichterischen Eingebung entsprungen ist und während der fünfjährigen Arbeit immer mehr an Konturen und Bedeutung gewann, sodass man **Posa** mit gutem Recht **als ureigenste Erfindung des Dichters** bezeichnen kann.

> *Ich habe*
> *Das Meinige getan. Tun Sie das Ihre.* (V. 5369f.)

Mit diesen Worten endet Schillers Drama: König Philipp übergibt seinen Sohn der Inquisition, jener kirchlichen Institution also, deren Aufgabe es seit dem späten 15. Jahrhundert war, für die Erhaltung der reinen katholischen Lehre zu sorgen und religiöse Abweichler aufzuspüren. Auch in Wirklichkeit wurde der Prinz nach königlichem Entschluss in Gefangenschaft gesetzt – allerdings ohne Beteiligung der Inquisition. Der Grund: Philipp sah in seinem unzuverlässigen und schwachen Sohn ein Sicherheitsrisiko ersten Ranges. Während seiner Haft starb der Prinz schließlich im Alter von 23 Jahren an Brechdurchfall, der durch Übergenuss von Eiswasser hervorgerufen worden war. Die Feinde Spaniens verbreiteten das Gerücht, Philipp II. habe seinen Sohn im Kerker ermorden lassen.

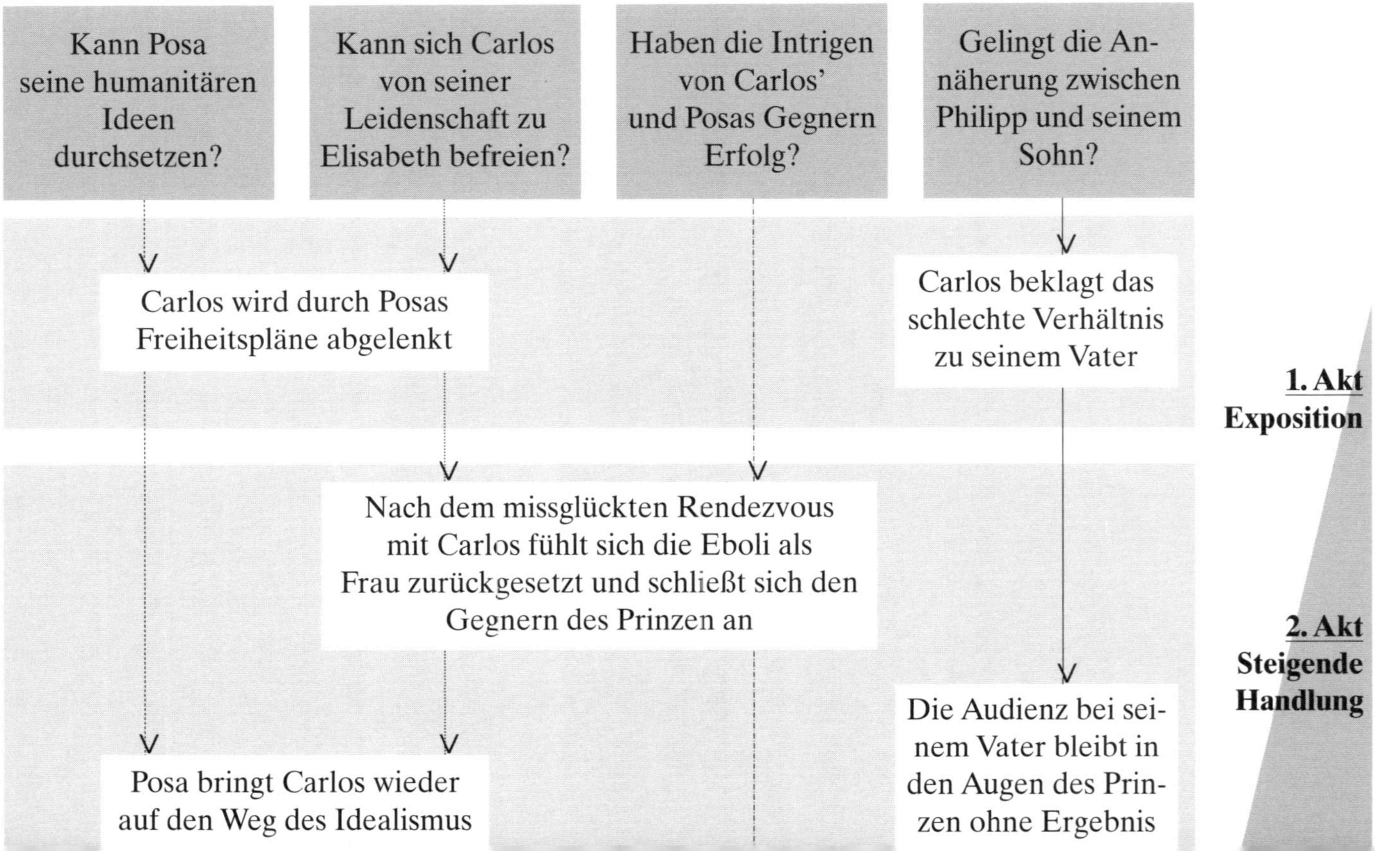
Kann Posa seine humanitären Ideen durchsetzen?
Kann sich Carlos von seiner Leidenschaft zu Elisabeth befreien?
Haben die Intrigen von Carlos' und Posas Gegnern Erfolg?
Gelingt die Annäherung zwischen Philipp und seinem Sohn?
Carlos wird durch Posas Freiheitspläne abgelenkt
Carlos beklagt das schlechte Verhältnis zu seinem Vater
1. Akt
Exposition
Nach dem missglückten Rendezvous mit Carlos fühlt sich die Eboli als Frau zurückgesetzt und schließt sich den Gegnern des Prinzen an
2. Akt
Steigende Handlung
Posa bringt Carlos wieder auf den Weg des Idealismus
Die Audienz bei seinem Vater bleibt in den Augen des Prinzen ohne Ergebnis

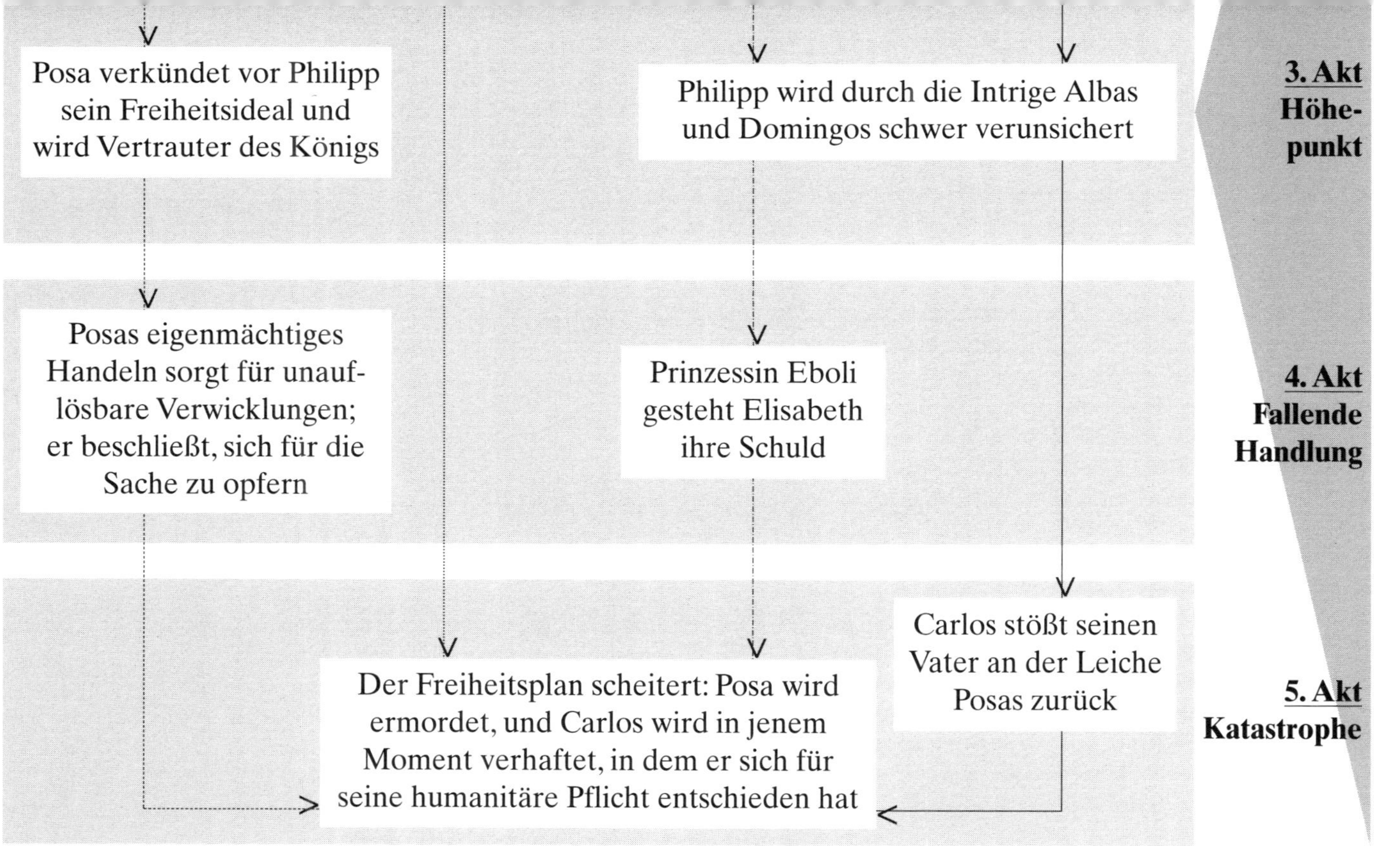
3. Akt
Höhe-
punkt
Posa verkündet vor Philipp sein Freiheitsideal und wird Vertrauter des Königs
Philipp wird durch die Intrige Albas und Domingos schwer verunsichert
4. Akt
Fallende
Handlung
Posas eigenmächtiges Handeln sorgt für unauf-lösbare Verwicklungen; er beschließt, sich für die Sache zu opfern
Prinzessin Eboli gesteht Elisabeth ihre Schuld
5. Akt
Katastrophe
Carlos stößt seinen Vater an der Leiche Posas zurück
Der Freiheitsplan scheitert: Posa wird ermordet, und Carlos wird in jenem Moment verhaftet, in dem er sich für seine humanitäre Pflicht entschieden hat

In »Don Carlos«, einem sprachlich sehr eingängigen Drama in Blankversen (s. unten S. 36f.), zeigt sich Schiller souverän im Umgang mit den klassischen **Stilfiguren**:

Unter **Parallelismus** versteht man den **gleichlaufenden Bau** mehrerer aufeinander folgender Sätze oder Satzteile, nicht selten unter Heranziehung gleichen Wortmaterials.

Wenn unmittelbar aufeinander folgende Sätze, Satzteile oder Verse mit dem **gleichen Wort oder der gleichen Wortgruppe** beginnen, so wird dadurch größerer Nachdruck erzeugt. Dieses stilistische Mittel nennt man **Anapher**.

Eine **Epipher** ist das Gegenteil der Anapher: aufeinander folgende Sätze, Satzteile oder Verse enden auf das gleiche Wort.

Antithesen, d. h. die Aufeinanderfolge gegensätzlicher Begriffe oder Gedanken, findet man im »Don Carlos« recht häufig.

Antithesen werden zuweilen durch den so genannten **Chiasmus** veranschaulicht; d. i. die Überkreuzstellung von Wörtern in aufeinander folgenden Sätzen oder Satzteilen.

Ein **Paradoxon** ist eine aufs Erste widersinnig scheinende Behauptung.

Das griechische Wort **Oxymoron** heißt übersetzt: „scharfer Unsinn". Damit wird die Kombination zweier Begriffe bezeichnet, die sich vom Standpunkt der Logik eigentlich ausschließen.

Wenn derselbe Wortstamm kurz hintereinander in verschiedenen Wortarten auftaucht, spricht man von einer **Figura etymologica**.

In dramatischen Momenten spiegelt sich die Erregung der Figuren in der unmittelbar aufeinander folgenden Wiederholung eines Wortes oder einer Wortgruppe, der **Gemination**.

Beispiele (die Hervorhebungen stammen jeweils vom Autor):

•••••• *[…] es zu wissen, / Daß unsre Freude fremde Wangen rötet, / Daß unsre Angst in fremden Busen zittert, / Daß unsre Leiden fremde Augen wässern – […]* (V. 1116ff.)

•••••• *Unendlich, / Wie Ihre Liebe, ist Ihr Schmerz. Unendlich, / Wie er, ist auch der Ruhm, ihn zu besiegen.* (V. 756ff.; häufig auch verbunden mit Parallelismus)

•••••• *[…] Doch würd' ich Eure Majestät beschwören, / Um Ihrer Ruhe willen Sie beschwören, / Bei dem Entdeckten stillzustehn […]* (V. 2704ff.)

•••••• *Sein Blut ist heiß, warum sein Blick so kalt?* (V. 876); *Gott richtete im Himmel, ich auf Erden* – (V. 1429); *Was bis zu Schwächen mich / Gebracht, kann auch zu Raserei mich führen.* (V. 3777f.)

•••••• *[…] – wieviel schneller man / Die Welt mit einem Könige versorge, / Als Könige mit einer Welt.* (V. 1409ff.)

•••••• *[…] – und so / Ward ich dein Feind, dir kräftiger zu dienen.* (V. 4633f.); *Der Entwurf / Ist teuflisch, aber wahrlich – göttlich.* (V. 5002f.; zugleich Antithese)

•••••• *Zittern / Nicht alle Schrecken dieses Glücks noch in mir?* (V. 1293f.)

•••••• *Zu überzeugen / Fällt keinem Überzeugten schwer.* (V. 2051f.)

•••••• *Hier, / Hier – hier – auf diesem heiligen Altare, […]* (V. 4265f.)

Die Zeit, in der Schiller lebte, war für die große Masse der Bevölkerung geprägt von **Zwang und Unterdrückung**, aber auch bereits spürbaren Versuchen, sie abzuschütteln. Er selbst hat den Zwang von oben wiederholt am eigenen Leib erleben müssen – von Freiheit der Berufswahl war da ebenso wenig die Rede wie von der Freiheit zu schreiben, wenn sein Landesherr, Herzog Karl Eugen von Württemberg, es nicht so wollte. Ob Schiller das Wesen von König Philipp tatsächlich seinem Fürsten nachempfunden hat (wie einige Interpreten glauben) oder ob es doch mehr dem literarischen Typus des kaltherzigen Tyrannen entspricht, sei dahingestellt.

Herrscher wie Herzog Karl Eugen konnte man in Deutschland viele finden – immerhin **war das Reich nach 1648 in 300 souveräne Teile zersplittert**. Die **Machtlosigkeit des Kaisers** führte sogar dazu, dass deutsche Fürsten mit ausländischen Mächten Bündnisse gegen ihn schlossen.

Großes Vorbild vieler deutscher Landesherren war Frankreich. Dort regierte der König nach den Prinzipien des **höfischen Absolutismus** – das heißt, mit fast uneingeschränkter Gewalt als Herrscher von Gottes Gnaden. Die Prachtentfaltung seines Hofes in Versailles war legendär. Um sie nachahmen zu können, war den deutschen Fürsten zur Geldbeschaffung jedes Mittel recht – von saftiger Besteuerung der Untertanen bis zum Verkauf von Landeskindern als Söldner (vgl. dazu Schillers Drama »Kabale und Liebe«, II/2).

Besonders beim **wirtschaftlich aufsteigenden Bürgertum** regte sich in wachsendem Maße die Unzufriedenheit – einerseits war es der Mittelstand, der den Reichtum des Landes am meisten mehrte, andererseits war er der fürstlichen Willkür ausgeliefert und hatte keinerlei Möglichkeit zur Mitsprache. **Die wirtschaftliche Bedeutung der Bürger widersprach also in krasser Art ihrer politischen Bedeutungslosigkeit.**

Der Mittelstand war es auch, aus dem sich im 18. Jahrhundert der **Großteil der deutschen Schriftsteller** rekrutierte. Wenn politisch engagierte Literaten ihrer Unzufriedenheit Luft machten, so war dies nicht immer ungefährlich, denn die Obrigkeit konterte mit Verhaftung, Zensur oder staatlicher Einflussnahme auf die Presse. Im Zusammenhang mit seinem Drama »Die Räuber« (1782) erfuhr Schiller solche Repressalien am eigenen Leib (vgl. oben S. 22).

In der zweiten Hälfte des 18. Jahrhunderts entwickelte sich auch vereinzelt ein neues Staatsethos, das einige Monarchen ihre absolute Gewalt bedingt kritisch einschätzen ließ. Das Preußen Friedrichs des Großen und das Österreich Josefs II. waren solche Gebiete, in denen die Herrscher nach den Prinzipien des **aufgeklärten Absolutismus** als „erste Diener" regierten. Genau das will Posa – damit seiner Zeit weit voraus – in der Aussprache mit Philipp II. auch erreichen: nicht Umsturz, sondern Neudefinition der Monarchie.

Man darf nicht vergessen, dass Schiller den »Don Carlos« **zwischen zwei weltgeschichtlich bedeutsamen Revolutionen** schrieb:

- ✔ In **Nordamerika** hatten sich die britischen Kolonien gewaltsam von ihrem Mutterland losgelöst und versuchten, in einem bislang beispiellosen politischen Experiment die Ideen der Freiheit und Gleichheit zu verwirklichen. Ein Katalog von Grundrechten erklärte 1776, dass alle Menschen von Natur aus frei und unabhängig seien. 1787 trat erstmals in der Geschichte eine geschriebene Verfassung in großem Rahmen in Kraft, die monarchische und aristokratische Elemente außer Acht ließ.
- ✔ Skandale, Krisen und die Unfähigkeit der Herrschenden führten 1789 zur **Französischen Revolution**. 1792 wurde die Republik ausgerufen, 1793 der König hingerichtet – die Radikalität dieser Entwicklung stieß bei Schiller auf ein sehr reserviertes Echo. Er zog sich vom politischen Tagesgeschehen zurück und betonte als *Zeitgenosse aller Zeiten*, dass die wahren Kräfte, die die Welt zu ordnen vermögen, in der Kunst und in der Schönheit lägen.

Die in der Schiller-Betrachtung gängige These, der auch diese Übersicht folgt, lautet: »Don Carlos« sei ein Wendepunkt in Schillers Schaffen, stehe zwischen Sturm und Drang

Elemente der Sturm und Drang-Dramatik:

••• Szenenwechsel

••• Vater-Sohn-Konflikt

••• Auflehnung und Freiheit

Elemente der Klassik:

••• Kalkulierter Aufbau

••• Verwendung des Blankverses

••• Hinwendung zum Ideendrama

und Klassik. Vergessen Sie aber nicht: Die allgemein übliche Textgrundlage basiert auf der Version von 1805 (vgl. unten S. 39) – die also aus Schillers „klassischer" Zeit stammt!

•••••• Insgesamt gibt es 21 Bilder, davon allein 8 in der rasanten Handlungsfolge des 4. Akts. Der häufige Schauplatzwechsel orientiert sich am **Vorbild Shakespeares**.

•••••• Das Spannungsverhältnis zwischen Vätern und ihren Kindern ist **ein durchgängiges Motiv der Dramen Schillers**. Das kommt nicht von ungefähr, war der Dichter doch selbst einem tyrannischen Vater ausgesetzt; dazu kommt noch der „Landesvater" Karl Eugen, dessen Gestalt Schillers Schul- und Studienzeit überschattete.

••••• Ein Motivkomplex, der von den Stürmern und Drängern immer wieder gestaltet wurde, auch von Schiller in seinen Dramen »Die Räuber«, »Fiesco« und »Kabale und Liebe«.

•••••• Das Stück ist nach der klassischen Bauform konstruiert: Exposition – steigende Handlung – Höhepunkt – fallende Handlung – Katastrophe.

•••••• Unter einem Blankvers versteht man einen jambischen Fünfheber; d. h. eine unbetonte und eine betonte Silbe wechseln fünfmal miteinander ab:
Es sínd | ja Két| zer, díe | man brén|nen síeht. (V. 421)
»Don Carlos« ist Schillers **erstes Versdrama**; in der Folge wird der Blankvers zur verbindlichen Form aller seiner großen Geschichtsdramen.

•••••• Im Zentrum des Werks steht ein übergeordneter Leitgedanke: die **Freiheit**. Das Ideendrama erlebt seinen Höhepunkt unter Lessing und in der Weimarer Klassik bei Goethe und Schiller (vgl. unten S. 40f.).

Die Textgeschichte des »Don Carlos« ist sehr kompliziert. Schiller begann sich **1782 für den Stoff ernsthaft zu interessieren** – er ließ ihn sein ganzes weiteres Leben nicht mehr los. Allein bis zu seinem Tod erschienen **vier verschiedene Buchfassungen**. Die einzelnen Varianten weichen in Umfang, Form und Inhalt zum Teil erheblich voneinander ab. Die Literaturwissenschaftler haben den Verschiebungen, die die Anlage des Dramas durch die Jahre erfahren hat, genauestens nachgespürt. Im Laufe der Zeit **veränderte sich auch Schillers Einstellung seinem Werk gegenüber**: Stand am Beginn der Arbeit noch der optimistische Vorsatz, sein *bestes Stück*[1] zu schaffen, so schrieb er 1794, als er gerade am »Wallenstein« arbeitete: *[. . .] ein Machwerk wie der Carlos ekelte mich nunmehr an, [. . .]*[2]

1783 Im Frühling entsteht die erste Skizze zum Drama, der **Bauerbacher Plan**. Schiller folgt darin eng seiner historischen Quelle, der »Histoire de Dom Carlos« vom Abbé de St-Réal (1672). Die Handschrift des Entwurfs ist erhalten; sie gibt Aufschluss darüber, dass Schiller das Stück ursprünglich als reine Familientragödie angelegt hat. Die Figur des Marquis Posa spielt noch eine untergeordnete Rolle.

1784 Im Sommer nimmt Schiller die Arbeit am »Don Carlos«-Stoff wieder auf. Zu Weihnachten liest er den 1. Akt der Darmstädter Hofgesellschaft vor. Auch Herzog Karl August von Weimar, der Freund und Förderer Goethes, ist anwesend; er verleiht Schiller daraufhin den Titel „Herzoglicher Rat“.

1785–87 »Don Carlos« ist **Schillers einziges Drama, von dem vor der Fertigstellung einzelne Teile gedruckt wer-**

1 Schiller an W. F. H. Reinwald (Brief vom 12. April 1783). Zit. nach Pörnbacher, Erläuterungen und Dokumente, S. 131 (s. unten S. 44)
2 Schiller an Christian Gottfried Körner (Brief vom 4. September 1794). Zit. nach Pörnbacher, Erläuterungen und Dokumente, S. 189 (s. unten S. 44)

den. Innerhalb von etwa zwei Jahren erscheinen in der Zeitschrift »Rheinische Thalia« (später: »Thalia«) der 1., 2. und der 3. Akt (bis zur 9. Szene), jetzt in fünfhebige Jamben (Blankverse) umgeschrieben. In diesem Vorabdruck ist das politische Element bereits stärker herausmodelliert. Die Kritik an der Kirche ist schärfer als in der Endfassung. Posa bleibt weiterhin eine Gestalt im Hintergrund; einige seiner Charakterzüge bestimmen das Wesen von Don Carlos.

1787 Auf der Grundlage weiterer Arbeiten aus dem Jahr 1786 entstehen …

… für den Theaterdirektor Siegfried Gotthelf Koch in Riga eine **Prosaversion**, in der Carlos durch Selbstmord endet;

… für Hamburg eine **Fassung in Jamben** (Erstaufführung am 29. August 1787);

… die **erste Buchausgabe**, weitaus länger als die Bühnenfassungen, da sie einem gebildeteren Lesepublikum als zumutbar erscheint. Das Werk mit dem Titel »Dom [!] Carlos, Infant von Spanien« verkauft sich gut.

1788 Aufführung in Mannheim mit August Wilhelm Iffland als Philipp II.

1792 Eine überarbeitete Fassung des »Don Carlos« erlebt in Weimar ihre Erstaufführung. Weitere Überarbeitungen folgen 1786, 1801, 1802 und 1804.

1798 »Don Carlos« wird ins Englische übersetzt.

1805 Bei Cotta erscheint die **Fassung letzter Hand**. Sie ist im Vergleich zur Erstausgabe von 1787 um etwa 900 Verse kürzer. Der Untertitel lautet jetzt: »Ein dramatisches Gedicht«. Auf diese Fassung wird bei Theateraufführungen üblicherweise zurückgegriffen.

»Don Carlos« ist ein **Geschichtsdrama**, geschrieben von einem Mann, der sowohl Dichter als auch Historiker war.

Seinen Stoffen näherte sich Schiller somit von beiden Seiten:

- ✔ als weiteres Produkt seiner Quellenstudien zum »Don Carlos« veröffentlichte er 1788 seine »Geschichte vom Abfall der Niederlande« mit dem Ziel, den ersten Schritt zu einer finanziell abgesicherten bürgerlichen Existenz zu setzen;
- ✔ der 1799 beendeten »Wallenstein«-Trilogie ging zwischen 1790 und 1792 das Erscheinen seiner »Geschichte des Dreißigjährigen Krieges« voraus.

Gerade die Beschäftigung mit Philipp II. und Don Carlos war es, die Schiller auf sein historisches Spezialgebiet brachte: das Zeitalter der europäischen Glaubenskriege im 16. und 17. Jahrhundert. Anders als bei Goethe, der der Geschichte eher distanziert gegenüberstand, spielte sie in Schillers Schaffen eine zentrale Rolle; er sah in ihr ein unerschöpfliches Reservoir für seine Dramenstoffe:

> *Täglich wird mir die G e s c h i c h t e theurer. [...] Ich wollte, daß ich zehen Jahre hintereinander nichts als Geschichte studiert hätte. Ich glaube, ich würde ein ganz anderer Kerl sein.*[1]

Bei der dramatischen Umsetzung historischer Ereignisse ging es Schiller allerdings nicht darum, Geschichte in allen möglichen authentischen Details darzustellen (vgl. oben, S. 27ff.) – ganz im Gegenteil: Die Faktentreue muss sich dem Diktat des Dramatikers beugen; nicht die Rekonstruktion des Vergangenen hat Vorrang, sondern die Gesetzmäßigkeiten von Spannungsaufbau, Kontrastierung, dramatischer Verzögerung und Beschleunigung. Und vor allem wird der historische Stoff deshalb ausgewählt, weil sich an ihm **eine Idee veranschaulichen** lässt.

1 Schiller an Körner (15. und 16. April 1786). In: Schillers Werke. Nationalausgabe. Bd. 24: Briefwechsel. Schillers Briefe 17. 4. 1785–31. 12. 1787. Hg.: Karl Jürgen Skrodzki. Weimar: H. Böhlaus Nachfolger 1989. S. 43–46; S. 45

Schillers »Don Carlos« ist also neben einem Geschichtsdrama gleichzeitig das Paradebeispiel eines **Ideendramas**, das heißt: Die Handlung ist auf eine übergeordnete, allgemein gültige Wertvorstellung hin ausgerichtet. Der dichterische Text führt dem Zuschauer oder Leser eine Weltanschauung anhand eines dramatischen Konflikts vor Augen:

- ✔ In Gotthold Ephraim Lessings »Nathan der Weise« (Erstdruck 1779), dem ersten großen Ideendrama der deutschen Literatur, ist zentraler Gedanke die **Toleranz**.
- ✔ In Goethes »Iphigenie auf Tauris« (Erstdruck 1787), etwa zeitgleich mit »Don Carlos« entstanden, steht die **Humanität** im Mittelpunkt.
- ✔ »Don Carlos« ist das Drama der **Freiheit**. Die Erhebung der Niederlande gegen Spanien diente Schiller als Modell, diese Idee literarisch zu thematisieren – und die Gestalt Posas ist ihr Verkünder. Der Dichter stellt dabei hohe ethische Ansprüche, denn zur Realisierung der Freiheitsidee gehört auch die Bereitschaft, sich dafür zu opfern.

Der enorme Umfang des Stücks ließ bei einigen Zeitgenossen Zweifel aufkommen, ob Schiller es überhaupt für die Bühne oder vielmehr als **Lesedrama** konzipiert habe. So meinte der Schriftsteller Christoph Martin Wieland, einer der ersten Rezensenten der Buchausgabe, dass Schiller seinen »Don Carlos« fraglos *selbst mehr zum Lesen oder Vorlesen als für würkliche Vorstellung auf der Bühne bestimmt*[1] habe. All das steht heute außer Debatte, da sich das Stück im Laufe der Zeit **im deutschen Theaterrepertoire einen festen Platz** erobert hat; allerdings erfordert das Werk geschickte Kürzungen. Um die Jahrhundertwende wurde das vollständige Drama zuweilen an zwei aufeinander folgenden Abenden aufgeführt; dieses Konzept der Zweiteilung hat sich jedoch nicht bewähren können.

1 Rezension C. M. Wielands im »Teutschen Merkur« (September 1787). Zit. nach Pörnbacher, Erläuterungen und Dokumente, S. 171 (s. unten S. 44)

V. 1	*Aranjuez:* Schloss des Königs südlich von Madrid
V. 350	*labyrinthische Sophismen:* Spitzfindigkeiten
V. 405	*la Trappe:* Zisterzienserkloster in der Normandie, in dem strengstes Schweigegebot herrschte
V. 410	*Pardo:* El Pardo; Schloss nördlich von Madrid
V. 417	*Plaza Mayor:* großer, rechteckiger Platz in Madrid
V. 418	*Autodafé:* feierliche Verbrennung der Ketzer durch die Inquisition
V. 475	*Grande:* Angehöriger des spanischen Hochadels; vgl. auch *Grandezza* (Regieanweisung nach V. 849): die Gesamtheit der Granden
V. 555	*Ghibellinen und Guelfen:* rivalisierende Parteigänger des staufischen Kaisers und des Papstes im mittelalterlichen Italien
V. 654	*Zeitung:* Botschaft, Nachricht
V. 739	*Escurial:* Escorial; von Philipp II. in fünfundzwanzigjähriger Bauzeit nordwestlich von Madrid errichtete Residenz, die gleichzeitig auch Kloster und königliche Begräbnisstätte war
V. 829	*gefehlt:* falsch gehandelt
V. 881	*Cherub:* biblischer Engel, Himmelswächter
V. 1106	*Mietling:* bezahlter (auch: käuflicher) Knecht
V. 1414	*zwei Tropfen:* Salböl, das während der Königskrönung verwendet wird
V. 1449	*Blutsentenzen:* Todesurteile; vgl. auch *Bluturteil* (V. 5221)
V. 1742	*Blödigkeit:* Schüchternheit
V. 1777	*Rialto:* wichtigste und berühmteste Brücke Venedigs, zu beiden Seiten von Läden flankiert
V. 1942	*ungerochen:* ungerächt
V. 2069f.	*Lilien von Valois:* Elisabeth, deren Familie Lilien in ihrem Wappen führte
V. 2250	*Freistatt:* Zufluchtsort für Verfolgte, Asyl
V. 2257	*entdecken:* enthüllen, verraten
V. 2264	*Hora:* klösterliches Gebet, das regelmäßig zu bestimmten Tageszeiten gesprochen wird
V. 2488	*von Ohngefähr:* durch Zufall

V. 2762 *erpicht:* gierig (vgl. auch folgenden Vers)
V. 2864 *Gallionen:* große Segelschiffe
V. 2872 *Großkomtur:* Oberhaupt eines Ritterordens
V. 2904 *Soliman:* 1565 belagerte die Flotte von Sultan Soliman II. vier Monate erfolglos die Insel Malta
V. 2969 *Feuerflocke:* Funke
V. 2972 *grillenhaft:* absonderlich, eigenartig
V. 3058 *frommen:* nützen
V. 3161 *Flamändern:* Flamen, Holländer
V. 3371 *Taburett:* Hocker
V. 3425 *Ambassadeur:* Gesandter, Botschafter
V. 3581 *Souvenir:* Schreibtafel
V. 3732 *Morgengabe:* Geschenk des Bräutigams an die Braut nach der Hochzeitsnacht
V. 3747 *Gebrauch:* Sitte, Etikette
V. 3843 *Portefeuille:* Brieftasche, Mappe
V. 4175f. *sich erdreistet hat:* frech gewagt hat
V. 4227 *es ist billig:* Posas Scheitern geschieht zu Recht
V. 4455 *Cortes:* Ständeversammlung in Spanien und Portugal
V. 4702 *Taxis:* Der Adelsfamilie der Taxis (eigentlich Tassis) verdankt Europa die Einrichtung des Postwesens im 16. Jhdt.
V. 4932 *Terzerolen:* Taschenpistolen
V. 5157 *Santa Casa:* span. „Heiliges Haus", das Gericht der Inquisition
V. 5196 *Regentenlauf:* bisherige Tätigkeit als König
V. 5198 *Angelstern:* Polarstern
V. 5251 *Schatten Samuels:* In der Bibel (1. Sam. 28) lässt König Saul den Geist des Propheten Samuel beschwören, der ihm berichtet, dass Gott in seinem Zorn das Königtum an David weitergegeben habe.

Für detailliertere Informationen empfiehlt sich der Reclam-Kommentar aus der Reihe „Erläuterungen und Dokumente" (vgl. unten S. 44).

Autor, Werk und Wirkung

Zwei renommierte Biographien mit dem Titel »Friedrich Schiller«: zum einen von **Benno von Wiese** (Stuttgart: Metzler 1959), zum anderen von **Emil Staiger** (Zürich: Atlantis 1967)

Einen knappen Grundriss von Leben, Werk und Wirkung liefert: **Norbert Oellers**, Schiller. Stuttgart: Reclam 1989

Eine sehr gute Analyse des Gesamtwerks findet sich bei: **Gert Ueding**, Friedrich Schiller. München: C. H. Beck 1990 – allerdings eher für Fortgeschrittene!

Dass man der Beschäftigung mit Schiller auch recht unterhaltsame Seiten abgewinnen kann, zeigt die von **Christian Grawe** herausgegebene Parodiensammlung »Wer wagt es, Knappersmann oder Ritt?« (Stuttgart: Metzler 1990).

Das Stück

Karl Pörnbacher, Friedrich Schiller, Don Carlos. Stuttgart: Reclam 1973 – eine in der Reihe »Erläuterungen und Dokumente« erschienene Fundgrube für Quellen, Kommentare und Kritiken.

Der Band »Don Carlos« von **Erika Fischer-Lichte** aus der Diesterweg-Reihe »Grundlagen und Gedanken zum Verständnis des Dramas« (Frankfurt/M. ^{3}1993) bringt ebenfalls eine Reihe interessanter Dokumente, darüber hinaus aber auch lesenswerte Analysen zu Einzelaspekten.

Für Musikfreunde

Von **Verdis Oper** »Don Carlos« (1867) gibt es eine Reihe guter Aufnahmen. Zwei mit Placido Domingo in der Titelrolle seien hier empfohlen: eine in italienischer Sprache unter Carlo Maria Giulini (EMI 7 47701 8) sowie eine unter Claudio Abbado in der französischen Originalfassung inklusive sechs Szenen, die später weggelassen wurden (DG 415 316-2).

Inter-pretation

Der folgende Interpretationsteil behandelt den »Don Carlos« unter drei verschiedenen Deutungsansätzen:

1. ... als **Freundschaftsdrama**;
2. ... als **Familiendrama**;
3. ... als **politisches Drama**.

Es ist in der Forschung mittlerweile umstritten, das Stück wie „drei Dramen in einem“ zu behandeln. Da in der Unterrichtspraxis jedoch mehrheitlich darauf zurückgegriffen wird, nimmt auch die folgende Analyse diesen Ansatz auf.

Politisches Drama

Carlos	**Posa**
als	als
Held der Liebeshandlung	**Held der Freiheitshandlung**
im Spannungsfeld zwischen	im Spannungsfeld zwischen
* Liebe zu Elisabeth	* Freundschaft zu Carlos
* politischem Auftrag	* Liebe zur Menschheit
↓	↓
Familiendrama	**Freundschaftsdrama**

1. »Don Carlos« als Freundschaftsdrama

1.1 Freundschaftskult im 18. Jahrhundert

Freundschaft als Form zwischenmenschlicher Beziehung ist so alt wie die Geschichte; erst dem 18. Jahrhundert blieb es vorbehalten, daraus einen **gefühlsseligen Kult** zu entwickeln. Das Erlebnis der Freundschaft war gleichsam etwas Religiöses, etwas für die Ewigkeit Bestimmtes. Mögen uns heute jene Gefühlsaufwallungen übertrieben vorkommen, mit denen sich Schillers Zeitgenossen etwa tränenreich begrüßten oder verabschiedeten – die Frage bleibt, warum ausgerechnet zu jener Zeit Freundschaft dermaßen überschwänglich erlebt wurde.

Ein wichtiger Grund liegt in der **Entwicklung des Erziehungswesens**. Europaweit waren die Besitzenden im 18. Jahrhundert dazu übergegangen, ihre Kinder auf das Erwachsenendasein an isolierten Orten – Internaten oder Collèges – vorzubereiten. Die Ausbildung dort gründete sich auf Zwang, Disziplinierung und Überwachung. Für die Zöglinge war die Freundschaft zu Gleichaltrigen daher oft die einzige Möglichkeit, diese Kasernierung und Unterdrückung seelisch zu meistern und der Kontrolle durch die Erwachsenen zu entgehen. Nicht selten überdauerte eine solche Bindung die Jugendjahre. Auch im studentischen Leben oder in Form von Dichterzirkeln spielten Freundschaftsbünde im 18. Jahrhundert eine Rolle.

Gewiss ist Schillers schwere Zeit an der herzoglichen Militärschule mit ausschlaggebend gewesen, Freundschaft zu Altersgenossen als lebenswichtig, ja als heilig zu empfinden. Entsprechend häufig finden wir dieses Thema in seinen Werken verarbeitet: in der »Ode an die Freude« ebenso wie in den »Räubern«, in dem Gedicht »Die Freundschaft« (Teil eines geplanten Freundschaftsromans) ebenso wie in der Ballade »Die Bürgschaft«. Letztere verherrlicht eine Freundschaft, die bis zur gegenseitigen Bereitschaft geht, für den anderen zu sterben.

Die Freundschaft zwischen Carlos und Posa hat dieselben Voraussetzungen wie so manche Jugendfreundschaft des 18. Jahrhunderts. Auch sie ist ein Produkt strenger Erziehung (vgl. die Erzählung von Carlos in I/2), auch sie **durchbricht die Standesgrenzen**: *Dieses Possenspiel des Ranges / Sei künftighin aus unserm Bund verwiesen!* (V. 931f.). Indem der Königssohn Carlos seinem adeligen Freund das *brüderliche Du* (V. 1007) anträgt, stellt er ihn mit sich auf die gleiche Stufe.

Freundschaft erscheint so als jene Form von zwischenmenschlicher Beziehung, die die **Durchsetzung des Gleichheitsprinzips** sozusagen im Privaten realisiert. Auch in Wirklichkeit konnte dies durchaus vorkommen: Im Göttinger Hainbund etwa, einer empfindsamen Dichter- und Freundesgemeinschaft (1772–1775), saß der Sohn eines Leibeigenen gleichberechtigt neben zwei Grafen. Und es erscheint als konsequent, dass Schiller in seinem »Don Carlos« die Verbindung zwischen Freundschaft und Gleichheit in seine politische Utopie einbaut – wenn nämlich Posa im Gespräch mit der Königin den neu zu errichtenden Staat als *[d]er Freundschaft göttliche Geburt* (V. 4281) preist. Freundschaftsdrama und Freiheitsdrama lassen sich an solchen Stellen schwer auseinander dividieren: Wo die Tugend der Freundschaft Pate gestanden hat, da ist es sicher, dass dieser Staat auch nach den Prinzipien der Menschlichkeit funktionieren und das Gleichheitsprinzip in ihm weiterwirken wird. Und in der Verwirklichung der revolutionären Losung „Freiheit, Gleichheit, Brüderlichkeit" lag ja wenige Jahre nach der Uraufführung des »Don Carlos« die Hoffnung all derer, die in Frankreich vom Anbruch einer neuen Zeit träumten.

1.2 Don Carlos und Posa – eine problematische Freundschaft

»Don Carlos« ist zuweilen zu einem Drama über ideale Freundesliebe verklärt worden. Der Eindruck trügt; in Wahrheit ist diese Freundschaft ganz und gar nicht unproblematisch.

Das beginnt schon damit, dass Carlos und Posa **verschiedene Erwartungen von Freundschaft** haben (vgl. etwa I/2):

- ✔ **Posa** sieht in seiner Freundschaft zu Carlos in erster Linie die Möglichkeit, **politisch** zu wirken; der Thronfolger stellt für seine Ziele ein geeignetes Instrument dar und muss entsprechend erzogen werden. Das Verhältnis zwischen Posa und Carlos ist in gewissem Sinne auch ein Verhältnis zwischen Lehrer und Schüler.
- ✔ **Carlos** ist ein Mensch, der bei Hofe – wie sein Vater – keinen wirklichen Freund hat. Er ist auf der Suche nach einem Vertrauten. Sein Motiv, einen Freundschaftsbund mit Posa zu schließen, ist daher rein **persönlicher** Natur.

Die **Handlungsweisen** der beiden müssen jeweils unter diesen Voraussetzungen beurteilt werden. Wenn Posa beispielsweise das Treffen zwischen der Königin und Carlos arrangiert (I/4), so tut er das, weil dies seinen politischen Absichten nützen könnte; Carlos seinerseits sieht darin einen Freundesdienst, der seinem persönlichen Glück dienen soll. Oder ein anderes Beispiel: Mit seinem impulsiven Verhalten an Posas Leiche (V/4) rettet Carlos zwar die Ehre des toten Freundes, setzt aber gleichzeitig seinen politischen Auftrag aufs Spiel.

Ein weiteres Problem: Handelt Posa, der positive Ideenträger des Dramas, im **Sinne der Aufrichtigkeit und Wahrheit**? Gelingt es ihm, seine verschiedenen inneren Bindungen moralisch einwandfrei aufeinander abzustimmen – den Freundschaftsbund mit Carlos, seine Vertrauensstellung beim König, die Verpflichtung seinen politischen Idealen gegenüber?

Die Antwort muss lauten: nein. Denn **für Posa gilt absolut der Vorrang seines politischen Plans**; die Personen um ihn sind Werkzeuge, die ihm beim Erreichen seines Ziels nützen sollen. Der Zweck heiligt die Mittel: So ist es zu verstehen, wenn im 4. Akt Posa den Kronprinzen über seine Pläne im Dunkeln lässt. Und auch Posas Haltung gegenüber dem König ist zwiespältig – immerhin belügt er ihn schon während der ersten Unterredung (vgl. V. 3083/84) und hintergeht ihn in der Folge mit seinen Umsturzplänen. Der *Mann mit reinem, offnen Herzen* (V. 2823) – Posa ist es nicht.

Posa ist keine makellose Idealgestalt. Damit schuf Schiller aber eine wichtige Voraussetzung, dass sich die Handlung überhaupt zur Katastrophe entwickeln kann – weil *er* [Posa] *zu sehr nach seinem Ideal von Tugend in die Höhe und zu wenig auf seinen Freund herunterblickte, […].*[1]

Erfordert Menschenliebe Menschenopfer? Selbst wer hohe Ideale verfolgt, kann andere Menschen dabei auf der Strecke

1 Friedrich Schiller, Briefe über Don Carlos [11. Brief]. Zit. nach Pörnbacher, S. 222 (s. oben S. 44)

lassen – der Charakter Posas zeigt es. Handelt er aber damit letzten Endes nicht viel anders als ein übler Tyrann – und daher nicht auch unmoralisch? Immerhin erscheint Posa und dem König ein individuelles Schicksal weniger wichtig, weil sie mit ihren Strategien größere Ziele im Visier haben. Posa handelt zwar im Sinne der Aufklärung, sein Tun offenbart aber auch sehr wohl deren Schattenseiten.[1]

Der Marquis ist auf seine Art ein Fanatiker. Sein **Opfertod** soll seine gesamte Handlungsweise nachträglich veredeln. Er ist bereit, für seine Idee alles zu geben, weil er von ihrer Wahrheit überzeugt ist. Den Prinzen hat Posa auf seine Opfertat psychologisch geschickt vorbereitet: Nachdem im 4. Akt ihr Freundschaftsbund zunehmend durch die zweimalige Warnung Lermas, durch das Auftauchen von Carlos' Brieftasche beim König und durch die skandalöse Verhaftung überschattet worden ist, lebt die alte Freundschaft umso strahlender wieder auf. Posa legt seine Handlungsweise vor dem Prinzen offen, gibt Fehleinschätzungen zu, beseitigt Missverständnisse. Die Mörder bereits auf seinen Fersen wissend, kalkuliert er im Geheimen wohl mit ein, dass eine solch gefühlsbetonte Bekräftigung des Freundschaftsbundes Carlos dazu treiben werde, nach seinem Tod als Vollstrecker seiner Pläne weiterzuwirken.

Von Kritikern ist der **Sinn von Posas Selbstopfer** angezweifelt worden. Auch Elisabeth glaubt in ihrer letzten Unterredung mit dem Marquis (IV/21) nicht daran, dass er ausschließlich im Dienste der Idee gehandelt habe; vielmehr hält sie dessen Stolz für die eigentliche Triebfeder seines Tuns. Was letzten Endes auch immer ausschlaggebend für Posas Handeln ist – niemand kann Schiller den theatralischen Effekt absprechen, den er damit erreicht, dass Carlos seinen Freund in dem Moment verliert, in dem er ihn wieder gefunden zu haben glaubt.

---

1 Vgl. dazu Hans-Jürgen Schings, Die Brüder des Marquis Posa. Schiller und der Geheimbund der Illuminaten. Tübingen: Niemeyer 1996. Die Figur des Posa erscheint darin wesentlich vom radikal-aufklärerischen Geheimbund der Illuminaten inspiriert, der auch vor wechselseitiger Bespitzelung nicht zurückschreckte.

2. »Don Carlos« als Familiendrama

1979 widersprach der Literaturwissenschaftler Helmut Koopmann der bis dahin in der Forschung gängigen Ansicht, Schiller habe anfangs ein Familiendrama geplant, das sich im Laufe der langen Arbeit allerdings immer mehr zu einem politischen Theaterstück entwickelt habe.[1] Koopmanns These: Schiller habe **nie** eine andere Absicht gehabt, als ein *Familiengemälde in einem fürstlichen Hauße*[2] zu schreiben. Begründet wird dies mit der Beobachtung, dass der Handlungsgang die wesentlichsten Impulse durch familiäre, private Motive bekommt.

In der Fachwelt hat Koopmanns Aufsatz für rege Diskussionen gesorgt. Wir hingegen wollen uns damit begnügen, einigen dieser Motive des Familiendramas nachzuspüren.

2.1 Liebe und Eifersucht

Die tragischen Konflikte in »Don Carlos« resultieren zu einem großen Teil aus dem Neben- und Gegeneinander von bewahrter und gebrochener Treue, von hoffnungsloser und verweigerter Liebe. Jeder ist auf seine eigene Art unglücklich:

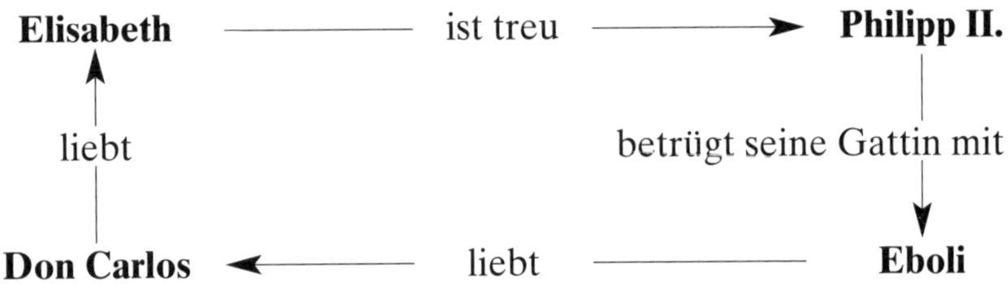

Es ist klar: In dieser Familie sitzt ein Krebsgeschwür, das unaufhaltsam an den Beziehungen zwischen Vater und Sohn, zwischen Gatte und Gattin frisst. Schiller hat dieses Thema nicht von ungefähr aufgegriffen. Wenn er im »Don Carlos« die unaufhaltsame Zerstörung familiärer Bindungen zeigte, so traf

1 Helmut Koopmann, Don Carlos. In: Schillers Dramen. Neue Interpretationen. Hg. v. Walter Hinderer. Stuttgart: Reclam 1979; S. 187–208

2 Friedrich Schiller an W. H. Reichsfreiherr v. Dalberg (Brief v. 7. Juni 1784). Zit. nach Pörnbacher, S. 137 (s. oben S. 44)

dies den Nerv einer Gesellschaft, für die die Institution Familie den wichtigsten sozialen Bezugsraum darstellte.

Das Publikum sah solche Familiendramen ausgesprochen gern. Kein Wunder, dass die Form des **bürgerlichen Trauerspiels** zu jener Zeit Hochkonjunktur hatte – Stücke wie etwa Lessings »Miss Sara Sampson« und »Emilia Galotti« oder Schillers »Kabale und Liebe«. Darin wird jeweils vorgeführt, wie bürgerliche Familien durch den Adel vernichtet werden. Gewiss: In »Don Carlos« stellt uns Schiller keine Familie des Mittelstands vor, sondern bewegt sich in der höchsten Aristokratie. Doch Figurentypen, Denkweisen und Handlungselemente erinnern zuweilen an jene des bürgerlichen Trauerspiels: die Briefintrige und die Gestalt des Intriganten (Domingo, Alba), schließlich auch die Figur der Mätresse (Eboli).

Die Katastrophe beginnt weit vor Beginn des Stücks mit der Heirat zwischen Philipp und Elisabeth: Liebe muss sich politischer Vernunft beugen. Was folgt, ist bekannt: Die Beziehungen zwischen Vater, Stiefmutter und Sohn sind nachhaltig gestört. Der Leser bzw. Zuschauer wird mit Familienverhältnissen konfrontiert, die wohl nicht nur Schillers Zeitgenossen als „unnatürlich“ empfanden:

- ✔ Zwischen **Vater und Sohn** herrschen unüberbrückbare Gegensätze, verstärkt durch die Kluft der Generationen: *Wir sind getrennt auf immer, / Und mehr, als wir's schon waren.* (V. 2276f.) – Mehr dazu in Abschnitt 2.2.
- ✔ Gegen die Ordnung der Natur sind die **Gefühle des Sohnes für seine Mutter** – selbst wenn es sich nicht um seine leibliche handelt. Carlos weiß jedenfalls, dass diese Liebe nur Schuld und Hoffnungslosigkeit bedeuten kann:

> *Dieser Weg*
> *Führt nur zu Wahnsinn oder Blutgerüste.* (V. 280f.)

- ✔ Das Verhältnis zwischen den **Ehegatten** ist weit entfernt von einer idealen Partnerschaft: Philipp ist auch als Ehemann ein Herrscher; seine Gemahlin ist für ihn allzeit kontrollierbarer Besitz. Die Beziehung von Philipp zu seiner Frau ist geprägt von Misstrauen, zugleich betrügt er Elisabeth mit der Eboli. Ebenso wenig wie im Umgang mit seinem Sohn gelingt es Philipp im Umgang mit der Königin, den Despoten abzustreifen.

2.2 Der Vater-Sohn-Konflikt

König Philipp: ein Mann von kalter Unnahbarkeit, der seiner Umgebung die würdevolle Maske eines leidenschaftslosen Herrschers präsentiert, dessen Willen sich alle zu unterwerfen haben.

Don Carlos hingegen: feurig, impulsiv, begeisterungsfähig, allerdings auch zu Stimmungsschwankungen neigend; er ignoriert die Konvention, die ihm durch die Standesschranken auferlegt wird (vgl. Verbrüderung mit Posa in I/9).

Schiller hat die Charaktere von Vater und Sohn **stark kontrastierend** angelegt: *Zwei unverträglichere Gegenteile / Fand die Natur in ihrem Umkreis nicht.* (V. 333f.) Das mag zwar einen gewissen Gegensatz erklären, nicht aber die totale Entfremdung, das Fehlen jeglicher emotionalen Bindung. Carlos sieht in Philipp eine Schreckensgestalt, der seinerseits in Carlos einen Schwächling. Nicht ohne Grund vergleicht der Prinz die beiden mit zwei feindlichen Himmelskörpern, deren Bahnen sich nur ein einziges Mal kreuzen – im Moment der gegenseitigen Zerstörung (vgl. V. 341ff.).

Alle Annäherungen zwischen Vater und Sohn müssen daher scheitern:

- ✔ Carlos unternimmt den ersten Schritt, um das unnatürliche Verhältnis zu Philipp zu beenden. Er verfolgt damit einen Zweck: nämlich das Kommando in Flandern zu bekommen. Beides wird zurückgewiesen (II/2).

- ✔ Später ist Philipp durchaus versöhnungsbereit, schenkt seinem Sohn wieder die Freiheit, wird von ihm aber des Mordes an Posa bezichtigt (V/4).

Am Ende ist jegliches Gefühl des Prinzen für den Vater abgestorben: *Er hat einen Sohn / Verloren.* (V. 5343f.) offenbart Carlos der Königin im letzten Gespräch – und entsagt ihr im selben Atemzug. Die Zuwendung der Gattin soll Philipp für den Verlust des Sohnes entschädigen. Eine Bindung wird gelöst, die andere wieder hergestellt – wenn es allein nach den Vorstellungen des Prinzen ginge.

Doch Philipp will es anders. Sein Eingreifen am Ende führt die Familie in die Katastrophe.

2.3 Der Untergang der Familie

Der Wiener Kulturhistoriker Egon Friedell meinte 1931, der typische Aktschluss bei Schiller bestehe immer in einem Ausrufezeichen. Auch »Don Carlos« hat einen solchen Ausrufezeichenschluss – das heißt, das Drama endet mit einem Überraschungseffekt, mit einer letzten Wendung, über die hinaus der Leser oder Zuschauer weiterdenken muss, wenn Philipp seinen Sohn – laut Regieanweisung – *kalt und stille* (zu V. 5369f.) der Inquisition ausliefert.

Ausgespart bleibt im Stück das weitere Schicksal von Carlos. Doch so viel ist klar: Es muss für ihn das Ende bedeuten. Jener Moment, in dem er zu einem idealen Staatsmann im Sinne Posas herangereift ist, ist sein letzter als freier Mann. Nicht Freiheitshoffnung oder gar Befreiung, sondern **Vernichtung steht am Schluss**.

Philipp handelt nicht einmal (auf nachvollziehbare Weise) als König, wenn er Carlos dem sicheren Tod überantwortet – denn **mit seinem Sohn liefert er den einzig möglichen Thronfolger aus**. Damit zerstört der greise Monarch den Fortbestand seiner Dynastie, und er macht mit einer einzigen Handlung das zunichte, was bislang der Sinn seines politischen Lebens gewesen ist – nämlich die habsburgische Macht in Spanien zu sichern. Während Posas Opfer der Humanität dienen soll, nützt Philipps Opfer bloß der Aufrechterhaltung eines inhumanen Systems. Seine Handlungsweise ist genauso blind wie der Großinquisitor, in dessen Geiste sie vollzogen wird.

Das ist die bittere Logik einer verhärteten Vater-Sohn-Beziehung. Mit **Philipp** führt Schiller einen Menschen vor, der am Tiefpunkt seines Empfindens angelangt ist, sich **von allen Prinzipien der Menschlichkeit losgesagt** hat. Wer imstande ist, seine tyrannische Allmacht gegen seine Untertanen ausspielen zu wollen (die für Posas Verrat büßen sollen) (V. 5088), wer seinen Sohn verrät und damit auch seine Ehe irreparabel zerstört, für den ist es nur konsequent, auch sich selbst mit in den Abgrund zu reißen.

Schillers Stück endet an einer Stelle, an der es keine Hoffnung, keine Aussicht auf Umkehr gibt – ein *Familiengemälde in einem fürstlichen Hauße*, gemalt in düstersten Farben.

3. »Don Carlos« als politisches Drama

3.1 Posa als Ideenträger des Stücks

Im 3. Akt, nach klassischer Konvention der Höhepunkt eines Dramas, taucht Don Carlos nur am Rande auf (III/6). Ist das nicht eigenartig für ein Stück, dessen Titel seinen Namen trägt? Würde man nicht eher den Prinzen im Brennpunkt der Handlung erwarten? Stattdessen steht im Zentrum des Geschehens eine große Szene zwischen dem König und dem Marquis Posa. Eine Szene, in der Letzterer zudem noch – mit etwa zwei Dritteln der Redeanteile – der Wortführer ist!

Im langen Entstehungsprozess des Dramas hat die Gestalt des Marquis Posa immer mehr an Konturen gewonnen. Anfänglich nur Randfigur, rückte er immer mehr in den Brennpunkt des Ideendramas. Man kann sogar sagen: Schiller hat den **Posa von der ursprünglichen Carlos-Figur abgespalten**, also Persönlichkeitszüge des Ur-Carlos in eine zweite Gestalt verlagert.

Bei Hofe hat Posa bislang **noch keine Rolle gespielt**. Nie hat er sich bemüht, in Audienzen um die königliche Gunst zu werben. Doch alle sind voll des Lobes über ihn:

Alba achtet seine Tollkühnheit im Kampf, Feria seinen Scharfsinn (vgl. V. 2899ff.). Der Königin gilt er als *Philosoph* (V. 519), glücklicher selbst als der König – und Carlos sieht das ähnlich (vgl. V. 984ff.). Ein ungewöhnlicher Mann also, der das Interesse des Königs erregt.

Posa ist als Mensch sowohl für Carlos als auch für Philipp wichtig. Dem einen ist er väterlicher Freund, dem anderen fast schon Ersatz für den verlorenen Sohn. Als Freund wie als Politiker spielt er eine Schlüsselrolle. Darin sieht Posa seine große Chance, daraus resultiert letztlich aber auch sein Untergang.

Der Marquis ist ein Mann des 16. Jahrhunderts, weltanschaulich stammt er aber aus der Epoche Schillers. Posas revolutionäre Gedankenwelt ist die der **Aufklärung**: Der Dichter sah darin keinen großen Widerspruch, mit Posa eher ein Kind seiner eigenen Zeit auf die Bühne zu bringen als einen Zeitgenossen Philipps. War es nicht das Europa der Reformation und der Glaubenskriege, das die Ideale der Freiheit und Menschenliebe glanzvoll zur Geltung bringen konnte?

> *[...] – das kühnste Ideal einer Menschenrepublik, allgemeiner Duldung und Gewissensfreiheit, wo konnte es besser und wo natürlicher zur Welt geboren werden als in der Nähe Philipps II. und seiner Inquisition?*[1]

Erinnern Sie sich, dass der »Don Carlos« erst kurz vor Anbruch der Französischen Revolution vollendet wurde! Die Pole, zwischen denen sich das Stück bewegt, sind aber für das Zeitalter Philipps ebenso gültig wie für das Zeitalter Schillers:

1 Friedrich Schiller, Briefe über Don Carlos [2. Brief]. Zit. nach Pörnbacher, S. 211 (s. oben S. 44)

Starre Ordnung des spanischen Staates (vertreten durch Philipp und den Großinquisitor)	**Humanität**, d. i. Forderung nach Religionsfreiheit und Selbstbestimmungsrecht (vertreten durch den **Aristokraten** Marquis Posa)
entspricht	
starrer Ordnung des absoluten Fürstenstaates im 18. Jahrhundert	**bürgerlichen Idealen** der Aufklärung

Posa ist Angehöriger des **Malteser Ritterordens**, der Schiller nach seinen Quellenstudien als Inbegriff des Opfersinns und des Edelmuts erschien; er plante sogar, nach Fertigstellung des »Don Carlos« eine eigene Tragödie mit dem Titel »Die Malteser« zu schreiben.

Die Bereitschaft Posas zur Selbstaufgabe erschien allerdings schon einigen Zeitgenossen etwas suspekt, die Schiller vorwarfen, eine reine Kunstfigur ohne Bezug zum wirklichen Leben geschaffen zu haben.

Überhaupt hat die Gestalt des Marquis im Laufe der Geschichte sehr **unterschiedliche Reaktionen** provoziert. Während einerseits die Zensur noch im 19. Jahrhundert eingriff, um die Dialogstellen des *gefährlichen Kopfs* Posa von allzu fortschrittlichen Ideen zu reinigen, war andererseits der Marquis noch lange Zeit nach Schillers Tod den deutschen Theaterbesuchern die liebste Gestalt aus dem »Don Carlos« – nicht zuletzt des begeisternden Schwungs seiner Rhetorik wegen, *deren unübertroffener Meister in der deutschen dramatischen Literatur er ist.*[1]

1 Gert Ueding, Friedrich Schiller. München: Beck 1990; S. 44 (s. oben S. 44)

3.2 Die „Revolution von oben"

Wie soll die Umgestaltung des Staates überhaupt vor sich gehen? Schiller hat in seinem letzten vollendeten Drama, »Wilhelm Tell« (1804), eine mögliche Antwort gegeben: Da ist das persönliche Schicksal des Titelhelden untrennbar verbunden mit dem Schicksal seiner Schweizer Landsleute, die sich gegen die habsburgische Gewaltherrschaft in einer Revolution auflehnen.

Anders im »Don Carlos«: Kein Mann aus dem Volk ist es, der die Initiative ergreift, sondern ein Aristokrat, der den Königssohn Carlos für seine politischen Entwürfe gewinnen will, ihn zur treibenden Kraft der flämischen Revolte machen möchte. **Die Umgestaltung des Staates ist also Anliegen einzelner Adeliger**, die die Sache des Volkes unterstützen.

Dass diese Umgestaltung des Staates von oben durchgeführt werden könnte, ist Posas große Hoffnung in seiner Unterredung mit König Philipp (III/10): Er führt ihm die Möglichkeit vor Augen, **als geschichtsverändernde Kraft tätig zu werden** – in einem positiven Sinne, zum Wohl der Menschheit. Posa ist – trotz seiner enthusiastischen Freiheitsliebe – durchaus ein Verfechter der Monarchie – allerdings einer Monarchie mit menschlichem Antlitz. *Werden Sie / Von Millionen Königen ein König.* (V. 3200f.), ruft er dem König entgegen: Philipp solle der Monarchie einen neuen Sinn geben, sie nicht mehr vom Gottesgnadentum ableiten, sondern seine Macht freiwillig einschränken.

Nichts anderes wird hier gefordert als der **Wandel vom absoluten Despoten zum aufgeklärten Herrscher**, nach dem Vorbild des Volks- und Reformkaisers Josef II. (1765–1790) etwa. Erst dadurch könne der Monarch zum *Muster / Des Ewigen und Wahren* (V. 3208f.) werden; zu einem Souverän, der den Vorstellungen der Klassik vom menschlichen Ideal entspricht. Was schließlich erreicht werden soll, ist das **Glück des Einzelnen** – ein Ziel, für das die Staatstheoretiker der Aufklärung bereits erfolgreich gekämpft hatten: In der Unabhängigkeitserklärung der Vereinigten Staaten (1776) ist dies schon als eines der unveräußerlichen, von Gott gegebenen Rechte angeführt.

3.3 Der Großinquisitor als Gegenspieler Posas

Die von Posa angestrebten Veränderungen würden natürlich gewichtige Machtverschiebungen mit sich bringen. Am spanischen Hof ist allerdings jeder darauf bedacht, seine eigene Position zu stärken. Ein probates Mittel dazu ist neben der **Intrige** die **Überwachung**: Schon in den ersten Minuten des Dramas macht Schiller klar, dass Carlos von allen Seiten ausspioniert wird (vgl. V. 69ff.; 108ff.). Die **Hofgesellschaft wird also negativ gesehen** – so wie in seinem bürgerlichen Trauerspiel »Kabale und Liebe«.

Besonders die Kirche hätte viel an Macht zu verlieren, könnte die Utopie vom besseren Staat Wirklichkeit werden. Die große Unterredung zwischen dem König und dem Großinquisitor (V/10) offenbart, dass die Kirche mit Posas „Revolution von oben“ sehr wohl gerechnet hat. Die Augen und Ohren der Inquisition sind überall, Menschen sind für sie nur Schachfiguren:

- ✔ Die Pläne **Posas** gehen mit den herrschenden Ideen nicht konform; er wird daher vom Großinquisitor als *Ketzer* (V. 5167) diffamiert. Ist er tatsächlich einer? So aus der Luft gegriffen ist diese Anschuldigung nämlich gar nicht – diejenigen, für die er sich voll Sympathie einsetzt, sind immerhin die Einwohner Flanderns: Protestanten! Das erregt im streng katholischen Spanien natürlich Verdacht, und so muss Posa dem König mit Nachdruck versichern: *Ihr Glaube, Sire, ist auch / Der meinige.* (V. 3066f.) – allerdings sagt er dies nach einigem Zögern. Keine Frage, dass der Marquis auch der Inquisition verdächtig gewesen ist: Diese hat sein Treiben schon lange beobachten lassen, hätte mit seiner Hinrichtung alle Sympathisanten abschrecken wollen – allein das Attentat ist der Verwirklichung dieser Absichten zuvorgekommen.

- ✔ Damit ist auch das Schicksal des Rebellen **Carlos** besiegelt, der von Ideen Posas angesteckt worden ist. Nichts anderes fordert die Inquisition von Philipp, als dass er seinen einzigen Sohn opfert.
- ✔ Das Gespräch zwischen dem Großinquisitor und dem König offenbart damit noch etwas anderes – etwas, das zeigt, wie sehr die Macht im Staat von der Kirche diktiert wird: Selbst **Philipp**, der Despot und absolute Monarch, steht mitnichten unumschränkt an der Spitze des Staates, sondern ist selbst Opfer eines Systems, das auf Unterdrückung, Unfreiheit und Überwachung aufgebaut ist. Auch er ist nur eine Marionette in einem Spiel der Macht, in dem die Kirche die eigentlichen Fäden zieht.

Klar wird dies schon allein aus dem anmaßenden Tonfall des Großinquisitors (vgl. V. 5244ff.) – von Schiller nicht ohne Absicht als blinder Greis gezeichnet, damit dessen starrsinnige Haltung gegenüber jeglicher Veränderung noch klarer zur Geltung kommt. Voll Selbstbewusstsein, die spanische Geschichte als „Königsmacher" nachhaltig geprägt zu haben, fordert er nichts anderes als die Unterordnung des Königs: Versöhnung nur dann, *Wenn Philipp sich in Demut beugt.* (V. 5262)

Die Inquisition ist Posas Hauptgegner auf dem Weg zur Freiheit. So sind auch die Szenen III/10 und V/10 als Gegensätze zu begreifen: Philipp im Gespräch mit Vertretern unterschiedlicher Weltanschauungen. Einmal ist es ein Mann, der ohne Scheu mehrmals bekennt, er könne kein Fürstendiener sein; zum anderen Mal ist es jemand, der vom König selbst die Unterwerfungsgeste eines Dieners fordert. Posa diagnostiziert die Krankheit des Staates, in dem *[d]ie Ruhe eines Kirchhofs* (V. 3162) herrscht; der Großinquisitor wiederum ist bereit, zur Erhaltung des Systems über Leichen zu gehen. Posa meint, **nur eine Reform könne dem Übel abhelfen**; der Großinquisitor meint, **die Reform selbst sei das Übel**.

Aufgaben mit Lösungstipps

Wenn Sie die vorangegangenen Seiten durchgearbeitet haben, müssten Sie für eine mündliche oder schriftliche Prüfung schon recht gut gerüstet sein. Zu einigen weiteren Aspekten, die bislang nicht direkt zur Sprache gekommen sind, sollen Ihnen die folgenden Aufgaben Denkanstöße liefern.

? Aufgabe 1

Beschreiben Sie den Charakter von Don Carlos!

! Lösungstipp

Carlos ist ein in sich unausgegorener, unvollkommener Charakter; gerade dadurch wird er aber für das Drama interessant:

- ✔ **Schwermut** (vgl. I/1; ein Vorbild Schillers für Carlos' Charakter war Shakespeares melancholischer Prinz Hamlet);
- ✔ jugendliche **Unbeherrschtheit** (vgl. V. 1052ff.), impulsives, gefühlsbetontes Verhalten – das Gegenbild zu seinem Vater;
- ✔ **Zerstreutheit** (vgl. Szene mit Eboli, II/8);
- ✔ seine Neigung zu **plötzlichen Stimmungsumschwüngen** (vgl. z. B. V. 1298ff.; V. 1460ff.).

Die Eboli, deren Verführungskünste bei Carlos erfolglos bleiben (II/8), sieht in ihm einen *schlangenglatten Sonderling* (V. 1739). Sein Vater schätzt ihn als schwach ein; seine unangemessene **Weichherzigkeit** (vgl. V. 1181/2) macht ihn für die Politik wenig geeignet.

Zu weiteren Aspekten schlagen Sie bitte in anderen Abschnitten dieses Buches nach: **Vergleich mit dem historischen Carlos** (S. 26ff.), **Freundschaft mit Posa** (S. 45ff.), **Verhältnis zum Vater** (S. 52ff.).

Aufgabe 2

König Philipp – eine tragische Gestalt?

Lösungstipp

Noch bevor Philipp die Bühne betritt, wird er von Carlos als *[d]er Fürchterliche* (V. 313) bezeichnet: ein unerbittlicher, gefühlskalter Vollstrecker der Ordnung (vgl. auch die Verbannung der Marquisin von Mondecar in I/6). Erst später wird Philipps tragische Situation offenbar. Sie resultiert …

- … aus seiner **Einsamkeit**: *Ich bin allein.* (V. 1111)
- … aus seinem **Misstrauen**, das ihn selbst anfällig für Intrigen macht. Seinem Sohn lässt er nachspionieren, selbst Posa verdächtigt er zunächst, unaufrichtig zu sein (vgl. V. 3084ff.).
- … aus seiner **Eifersucht**: Die Angst, dass er die Königin verlieren könnte (vgl. V. 867), führt dazu, dass es zum Bruch mit ihr kommt und seine Familie im Chaos endet.

Philipps **Reste an Menschlichkeit** werden von Posa in der Audienzszene geweckt. Der Marquis erkennt die Einsamkeit des Königs als Resultat der gottähnlichen Verehrung, die er genießt. Der König solle sich daher der Verwirklichung von Aufgaben widmen, die einen besseren Staat entstehen lassen – das ist Posas Therapie: *Weihen Sie / Dem Glück der Völker die Regentenkraft, […]* (V. 3239f.).

In der Folge werden alle Chancen verspielt. Philipp ist unfähig, das Wesen des misstrauischen Tyrannen abzuschütteln, und vernichtet das, was ihm nahe steht: Posa, schließlich auch seine Familie. Zwar zeigt sich der König menschlicher Regungen fähig (sein Weinen in IV/23, sein Wille zur Versöhnung mit Carlos in V/4), doch **am Ende ist er von allen entfremdet**.

? Aufgabe 3

Vergleichen Sie die Charaktere der Königin und der Prinzessin Eboli miteinander!

! Lösungstipp

Charakter Elisabeths:

- ✔ sie fühlt sich am spanischen Hof unfrei (vgl. I/3), kann daher für Posas Freiheitspläne leicht gewonnen werden;
- ✔ als *schönste Frau auf dieser Welt* (V. 45) wird sie vom Volk geliebt (V. 41f.: *Ganz Spanien / Vergöttert seine Königin*);
- ✔ sie ist großmütig (vgl. ihr Verhalten bei der Verbannung der Mondecar, I/6);
- ✔ sie ist als *engelreine Tugend* (V. 2535) von konsequenter Standhaftigkeit gegenüber den Annäherungsversuchen des Kronprinzen und wird von ihrer Umgebung zur Idealgestalt verklärt.

Charakter der Eboli:

Carlos hält sie für vertrauenswürdig (V. 2384: *stolz und edel*), Posa hingegen steht ihr nüchterner gegenüber und bezeichnet sie nach Bekanntwerden der Rolle, die sie bei der Intrige gegen den Prinzen gespielt hat, sogar als *Teufel* (V. 4662).

Die Prinzessin ist leidenschaftlich und begehrenswert und versteht es auch, ihren weiblichen Charme gezielt einzusetzen (vgl. ihr Beisammensein mit Carlos, II/8). Ähnlich wie andere Mätressenfiguren, etwa die Lady Milford in »Kabale und Liebe« oder die Orsina in »Emilia Galotti«, beherrscht sie die Regeln der höfischen Intrige.

Im **Intrigenspiel bei Hofe** stehen beide Frauen auf entgegengesetzten Seiten, sind Rivalinnen im doppelten Sinn:

... auf politischer Ebene:	
Elisabeth unterstützt (hinter dem Rücken ihres Gatten) die Pläne zum Aufstand in den Niederlanden.	**Prinzessin Eboli** macht sich zum Werkzeug der ideologischen Gegner von Carlos; ihr Handeln tut ihr aber später leid.
... auf privater Ebene:	
Elisabeth ist diejenige, die durch den Ehebruch ihres Gatten mit der Eboli betrogen wird.	**Prinzessin Eboli** ist diejenige, die zur Verräterin an der Königin wird. Grund ist ihre unglückliche Liebe zu Carlos – *[d]er Leidenschaften unglückseligste* (V. 4328), die sie als gekränkte Liebende Rache nehmen lässt.

Szenen, die den Gegensatz zwischen den beiden Charakteren illustrieren:

- ✔ Der Monolog der Eboli (II/9), in der ihr Neid und Hass gegen die Königin impulsiv zum Durchbruch kommen.
- ✔ Der Vergleich der beiden Frauen durch Posa (II/15): Während Tugend für Elisabeth einen Teil ihres natürlichen Wesens ausmacht, ist sie bei der Eboli nur aufgesetzt, *[e]rworbne Unschuld* (V. 2339).
- ✔ Die Beichte der Eboli (IV/19), die dabei durch die *himmlische Herablassung* (V. 4161) der Königin *außer Fassung* (V. 4156) gerät.

? Aufgabe 4

Welche Rolle spielen Intrigen im dramatischen Geschehen?

! Lösungstipp

Manche Kritiker sahen in dem Intrigennetz eine Schwäche des Stücks, da sich damit die Handlung nicht aus der Psychologie der Figuren entwickelt, sondern Impulse von außen erhält. Die **Motive** der intrigierenden Parteien sind unterschiedlich:

- ✔ **Alba** und **Domingo** geht es um die Erhaltung bzw. den Ausbau ihrer Position bei Hofe; **Machtstreben und Eigennutz** sind Triebfedern ihres Handelns. Obwohl Philipp ihre egoistischen Machenschaften durchschaut, ist er weiterhin auf sie angewiesen, da sie die Stützen des Throns repräsentieren (Militär, Kirche).
- ✔ **Prinzessin Eboli** handelt aus **verschmähter Liebe**, aus **Rachsucht**; ihr Intrigieren erscheint als menschliche Schwäche, weshalb sie auf das Mitleid des Publikums hoffen darf (zudem sie ihr Handeln bereut und dafür büßen muss).
- ✔ **Posa** enthält dem König wichtige Informationen vor, wenn er in IV/12 nicht alle Briefe des Prinzen weitergibt, sondern diejenigen für sich behält, die Carlos wegen seiner Liebe zu Elisabeth belasten könnten. Dadurch wird Philipp beschwichtigt und der Verdacht vom Prinzen abgelenkt. Ähnlich intrigant handelt Posa, wenn er dem König falsche Informationen zuspielt und sich damit selbst des Verrats bezichtigt. Und dass er im ersten Affekt auch über Leichen gehen könnte, zeigt die Szene im Zimmer der Prinzessin Eboli (IV/17). – Posas Ziel ist höherer Natur: Er will dem Freund den Weg freimachen, damit jener den **Kampf um die Humanität** weiterführen kann. Zur Problematik von Posas Handlungsweise vgl. oben S. 48ff.

Friedrich Schiller

Maria Stuart

Die Thematik

»Maria Stuart« veranschaulicht zentrale Ideen der Weimarer Klassik: die Bewahrung geistiger Freiheit, die Ablehnung von Rechtsbeugung und falschem Schein. Das Drama offenbart aber auch eine pessimistische Sicht der Geschichte und ein sehr bürgerliches Frauenbild.

»Maria Stuart« – ein Ideendrama der Weimarer Klassik

Wie kann der Mensch seine Freiheit und damit einen wesentlichen Bestandteil seines Mensch-Seins im Angesicht von inneren Zwängen bzw. Gewalt und Tod bewahren? Schiller stellt zwei Möglichkeiten vor:

- den Kampf gegen die Gewalt bzw. die Vernichtung anderer, um Probleme zu bewältigen: diese Methode versagt;
- die **Entwicklung geistiger Freiheit**, die Loslösung von körperlich-seelischen Bedürfnissen, der Gewaltverzicht: Dieser Weg ist immer gangbar und überdies der Natur des Menschen als eines geistigen Wesens angemessen.

»Maria Stuart« – Ausdruck bürgerlichen Weltverständnisses

Der Welt absolutistischer Fürstenhöfe – Kennzeichen: Intrigen, Rechtsbeugung, Konkurrenz, Egoismus – stellt Schiller die **Ideale von wahrhaftem (= für ihn bürgerlichem!) Leben** gegenüber: Ehrlichkeit, Treue, Menschlichkeit.

Geschichte wird – so Schiller – bestimmt vom egoistischen Verhalten der Großen; gesellschaftliche Bedingungen sind dabei bedeutungslos. Die **Welt** wird **erst gut** werden, **wenn die einzelnen Menschen gut** sind.

Frau-Sein und Königin-Sein schließen sich in den Augen Schillers **aus**; das Herrschen sei nämlich eine Aufgabe der Männer, Frauen seien ihr von ihrer Natur her nicht gewachsen.

Der Inhalt in Kürze

Das Drama schildert die letzten drei Tage im Leben der schottischen Königin Maria Stuart, politische Gefangene der englischen Königin Elisabeth. Im Mittelpunkt stehen die vergeblichen Versuche, sie zu retten, und die Motive und Methoden ihrer Gegner, die ihren Tod wünschen.

Seit mehreren Jahren lebt Maria Stuart in englischer Gefangenschaft. Sie floh aus Schottland, als ihre Lage unhaltbar wurde (u. a. beschuldigte man sie der Beihilfe zum Gattenmord), geriet aber bei Englands Königin Elisabeth vom Regen in die Traufe: Maria ist nämlich eine ernste Gefahr für Elisabeths Thronanspruch. Aufgrund falscher Beschuldigungen wird Maria schließlich zum Tode verurteilt.

Das Drama stellt die Kräfte dar, die entweder Marias Tötung betreiben oder die Schottin retten wollen. Auf der einen Seite stehen Elisabeths Kanzler Burleigh und heimlich auch sie selbst; teils arbeiten sie mit gesetzlichen Mitteln, teils mit ungesetzlichen (sie versuchen nämlich einen „Killer" anzuheuern!). Andere streben danach, Maria durch juristische Argumente, Intrigen oder gewaltsame Befreiungsaktionen zu helfen: Diese Gruppe besteht aus Mitgliedern von Elisabeths Hof (Shrewsbury, Leicester) und einem hitzigen jungen Mann (Mortimer). Die Motive der genannten Personen reichen von Leidenschaft und Egoismus bis hin zu ehrwürdigen moralischen (und weniger ehrwürdigen machtpolitischen) Absichten. Dazwischen steht eine eitle, völlig unsichere und entscheidungsunfähige Elisabeth.

Die Kräfte begegnen einander in einem ständigen Wechselspiel; die Wende bringt schließlich ein dramatisch verlaufendes Gespräch zwischen den beiden Königinnen, das eigentlich eine Versöhnung hätte ermöglichen sollen. Maria stirbt heldenhaft und gefasst, und die „Bösen" des Stückes erreicht alle ihre gerechte Strafe.

Die Personen

Zwei Haupt- und vier Nebenfiguren tragen die Handlung, die zum Teil in Maria Stuarts Gefängnis (Schloss Fotheringhay), zum Teil in Elisabeths Westminster-Palast spielt. Die Beziehungen zwischen den Figuren sind v. a. durch Intrigen und Doppelspiel gekennzeichnet.

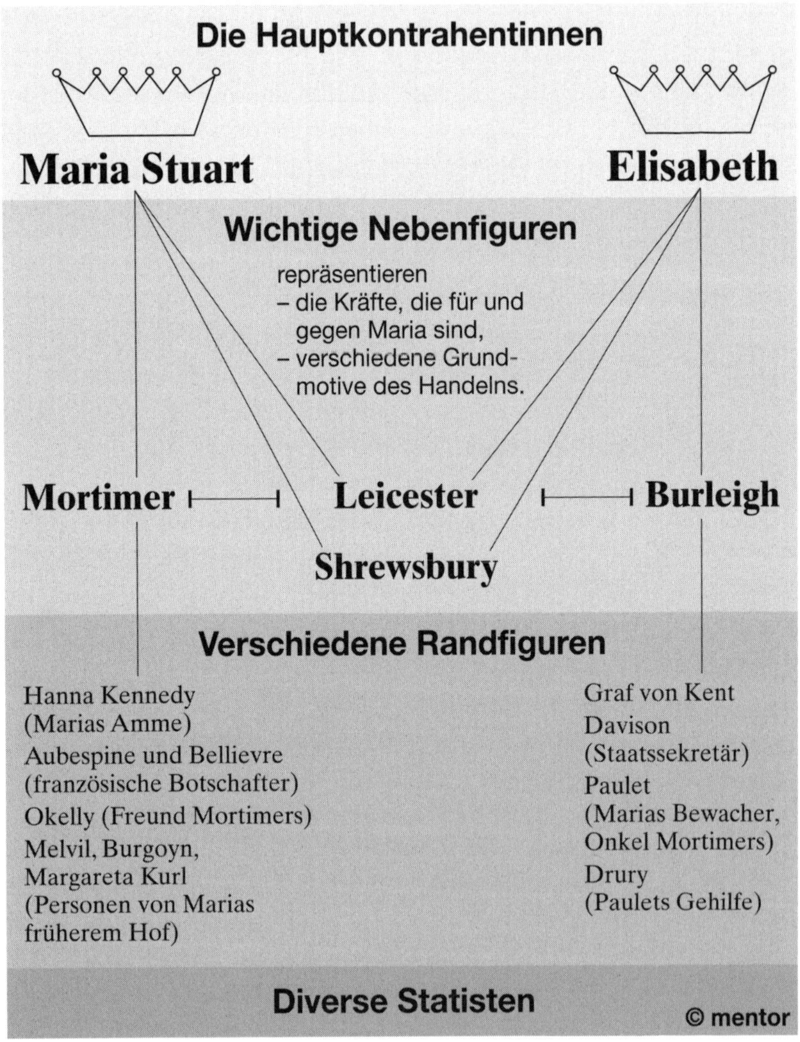

Schein und Wirklichkeit klaffen in diesem Stück häufig auseinander. Kaum einer ist wirklich das, was Mitspieler oder Zuschauer erwarten.

Elisabeth: Königin von England, durch die Thronansprüche Marias gefährdet, vom Leben verbittert und in ihrer Persönlichkeit verletzt; macht anderen und sich selbst viel vor; beherrscht das Spiel der Intrigen eigentlich gut, findet aber zwei Meister (Mortimer, Leicester).

Maria: ehemalige Königin von Schottland, nach ihrer Flucht von Elisabeth inhaftiert; hat ihr Leben voll ausgekostet und hängt nach wie vor an ihm; reift in der Gefangenschaft heran; zieht durch ihre sprichwörtliche Schönheit Männer in den Bann.

Burleigh: Elisabeths Regierungschef; steht voll auf ihrer Seite; will Marias Tod; vertritt das Prinzip der Staatsräson (zu tun ist, was dem Staate nützt); tritt meist offen auf, beherrscht aber auch das Intrigenspiel.

Shrewsbury (im Text auch **Talbot** genannt): Elisabeths Lordsiegelbewahrer; ein alter, vom Prinzip der Gerechtigkeit durchdrungener Mann; will Maria um des Rechts willen retten und aus demselben Grund von Elisabeth Schaden abwenden; absolut ehrlich; hat auch ein persönliches Motiv: ist von Marias Schönheit bezaubert.

Leicester: Hauptintrigant des Stückes, der aber am Schluss alles verliert; Vertreter des reinen Egoismus; offiziell Liebhaber Elisabeths, tatsächlich voller Hass auf sie (weil sie ihn nicht durch eine Heirat zum König machte) und darum angeblich in Maria verliebt.

Mortimer: offiziell Elisabeth-Anhänger und ihr Spion, tatsächlich Maria-Verehrer und Spion der Mächte, die sie retten wollen; beherrscht die Kunst der Verstellung, obgleich er sie an anderen kritisiert; vordergründig fanatischer Katholik, hintergründig leidenschaftlich-hitziger „Triebtäter".

Geschichtlicher Hintergrund

Um die Handlung des Dramas besser zu verstehen und nicht ständig in den Anmerkungen der Textausgabe nachschauen zu müssen, ist es von Vorteil, sich zunächst die historischen Hintergründe klarzumachen.

Abb. links: Maria Stuart
Abb. rechts: Elisabeth I.

Maria galt als schönste Frau ihrer Zeit – Elisabeth als recht hässlich. Maria wurde als Königin geboren – Elisabeths Weg zur Krone war lang und hart. Maria war politisch immer erfolglos, verlor zwei Kronen, war ein Instrument in den Händen der Großmächte – Elisabeth war eine weitsichtige und erfolgreiche Politikerin und begründete Englands Aufstieg zur Weltmacht. Einzige Gemeinsamkeit: das Pech im Privatleben. Maria war dreimal unglücklich verheiratet, Elisabeth überhaupt nicht. All das ist wahrlich ein Stoff für Dramen!

Ein Kapitel Familiengeschichte ...
oder: Wer kriegt den „Job" als Königin?

Bei dem Konflikt Maria – Elisabeth geht es zunächst einmal um den Anspruch auf den englischen Thron.

Beide Frauen haben einen gemeinsamen Vorfahren: den englischen König Heinrich VII., dessen Sohn, der berühmtberüchtigte Heinrich VIII., einen starken Hang zum weiblichen Geschlecht hatte – er brachte es auf sechs Ehefrauen! Da der Wechsel von einer zur nächsten nach katholischem und damit zu jener Zeit auch staatlichem Recht nicht so einfach war, tat er zweierlei: Zum einen löste er England vom Katholizismus (etwa zur Zeit von Luthers Reformation!) und gründete die anglikanische Staatskirche, die Ehescheidungen zuließ; zum anderen ließ er zwei seiner Ehefrauen unter Vorwänden den Prozess machen und hinrichten.

Eine davon war Elisabeths Mutter Anna Boleyn; sie wurde 1536 wegen angeblichen Ehebruchs und Blutschande zum Tode verurteilt. Heinrich ließ Elisabeth für illegitim (unehelich) erklären – nach katholischem Verständnis war sie es jedoch ohnehin, weil sich Heinrich von seiner ersten Ehefrau, der Vorgängerin Anna Boleyns, einfach hatte scheiden lassen. Elisabeth verlor nun jeglichen Thronanspruch. Aber das Blatt wendete sich wieder: 1544 – der Vater lebte noch – erhielt sie durch Parlamentsbeschluss sowie später auch im Testament ihres Vaters ihren Herrschaftsanspruch zurück, und zwar als dritte einer Rangordnung. 1558 wurde sie schließlich Königin und blieb es bis zu ihrem Tode 1603.

In den Jahren bis zu ihrer Rehabilitierung lebte sie abseits vom Hofe, praktisch in der Verbannung und damit nicht ungefährdet; 1554 wurde sie noch einmal inhaftiert, weil sie im Verdacht stand, gegen ihre zu dieser Zeit herrschende Halbschwester Maria „die Blutige“ ein Komplott geschmiedet zu haben. Doch auch später blieb Elisabeth gefährdet, denn die vielen Feinde, die sie hatte (die katholischen Kontinentalmächte Frankreich, Spanien, Rom und die von diesen unterstützte katholische Opposition in England), hörten nie auf, sie sowohl offen als auch heimlich zu verfolgen; nie konnte sie sich ihrer Existenz und ihrer Macht wirklich sicher sein, und die juristische Problematik ihrer Herkunft blieb ständig an ihr haften.

Ganz anders Marias Situation! Ihr Stammbaum war sozusagen lupenrein. Als legitime Urenkelin Heinrichs VII. hatte sie nach dynastischen Spielregeln eigentlich vor Elisabeth Anspruch auf den englischen Thron. Dies musste sogar Elisabeth in dem so genannten „Edinburgher Vertrag“ zwischen Frankreich, England und Schottland akzeptieren; ihr wurde aber zugestanden, so lange unangefochten zu regieren, wie sie lebte, und wenn sie Nachkommen hätte, würden diese sogar Vorrang vor Maria haben. Maria freilich erkannte den vor ihrer Königsherrschaft in Schottland geschlossenen Vertrag nie an (– nur in dem Drama tut sie es im 3. Akt!).

Natürlich ging es bei der ganzen Auseinandersetzung um mehr – mit Maria bzw. Elisabeth verbunden war ein riesiges, unentwirrbares Knäuel von Konflikten: konfessionelle (Reformation – Gegenreformation), außenpolitische (z. B. Kampf der europäischen Großmächte um die Vorherrschaft) und innenpolitische (Verschwörungen gegen Elisabeth).

Maria Stuart: Schönheit ohne Glück

1542 in Schottland geboren, wuchs Maria in Frankreich auf, dessen Thronfolger sie heiraten sollte. Das tat sie auch, aber ihr Mann starb, kaum gekrönt. Als 18-Jährige war sie also schon Witwe. So bliebt ihr nichts anderes übrig, als nach Schottland zu gehen und eben dort das Königsamt zu übernehmen (1561) – keine angenehme Aufgabe in einem Land, das sein Nachbar England gern kassiert hätte, in dem der (starke und protestantische) Adel ständig mit dem (schwachen und katholischen) Königshaus im Clinch lag. 1565 heiratete sie ihren katholischen Vetter Darnley, was ihr großen Ärger beim protestantischen Adel einbrachte. Ärger bekam sie freilich auch mit ihrem übrigens wenig intelligenten Mann: Der stellte sich nämlich an die Spitze ausgerechnet einer Gruppe adelig-protestantischer Oppositioneller, wirkte bei der Ermordung von Marias Sekretär Rizzio mit, der beim Adel wegen seiner niedrigen Herkunft verhasst war, kroch dann aber wieder reumütig zu ihr zurück. Wen wundert es, dass Maria sich 1566 dem Earl von Bothwell, einem richtigen „Macho“ zuwandte. Doch sollte sie wieder kein Glück mit einem Mann haben – 1567 wurde nämlich der Ehemann Darnley ermordet (mit 25 war sie zum zweiten Mal Witwe!), und die Öffentlichkeit sah natürlich in Bothwell den Täter und in Maria die Mitwisserin – ob zu Recht, ist bis heute ungeklärt. Ein Prozess gegen den Earl endete mit Freispruch (weil der offizielle Kläger nicht erschien!). Maria heiratete nun Bothwell – nicht ganz freiwillig, er soll sie nämlich durch Entführung und Vergewaltigung dazu gezwungen haben. Jetzt reichte es dem Adel endgültig: Maria wurde gefangen genommen, entkam, inszenierte einen Gegenaufstand, der jedoch misslang, und floh schließlich nach England (eigentlich wollte sie nach Frankreich, aber man trieb kein seetüchtiges Schiff auf!).

Das war nun wenig klug: Elisabeth setzte sie nämlich gefangen und ließ sie nie wieder frei. 19 Jahre (1568–1587) währte die Gefangenschaft; mehrmals versuchte Maria, Elisabeth zu einem Treffen mit ihr zu bewegen, doch ohne Erfolg. Nach Aufdeckung einiger Verschwörungen gegen Elisabeth und zugunsten Marias erließ das Parlament 1585 den „Act for the Queen's Safety", der nicht nur den mit Strafe bedrohte, der Elisabeth töten wollte, sondern auch den, zu dessen Gunsten es geschah – eine eindeutig gegen die Stuart gerichtete Bestimmung!

Das letzte Kapitel in Marias Leben wurde eingeläutet, als 1586 die Verschwörung des jungen Babington aufflog. Sogleich wurde ein Verfahren gegen Maria eröffnet, das mit einem Todesurteil endete. Elisabeth war sich freilich sehr unsicher, versuchte (allerdings vergeblich), einen heimlichen Giftmord zu arrangieren; erst Anfang Februar 1587 unterzeichnete sie das Urteil – nach einer neuen, vermutlich vom englischen Geheimdienst selbst inszenierten Verschwörung –, legte sich aber hinsichtlich des Vollzugs nicht fest. Da nahm Burleigh die Sache in die Hand: Am 7.2. wurde das Urteil verkündet, am 8.2. Maria geköpft.

Lassen Sie sich überraschen, was Schiller aus diesem historischen Stoff gemacht hat!

Die Handlung

Mithilfe der folgenden ausführlichen Inhaltsangabe wird es Ihnen sicher gelingen, die sehr verwickelte, vielschichtige und oft nicht leicht nachvollziehbare Handlung zu verstehen (und z. B. für Prüfungszwecke zu behalten!).

I. Akt: Marias düsteres Los

I/1–4: Ein erster Blick auf Marias Situation

I/1: Paulet, Marias Bewacher, bricht im Rahmen einer Durchsuchung einen Schrank in Marias Zimmer auf; deren Amme Hanna Kennedy protestiert heftig. Noch bevor die schottische Königin auf der Bühne steht, fängt Schiller ihre ganze vertrackte Situation ein: ihr Ausgeliefertsein und den Umstand, dass sich Rettungsversuche immer gegen sie wenden; Anlass der Durchsuchung ist nämlich, dass jemand den Gärtner mit Schmuck zu bestechen versucht hat. In dem folgenden Streitgespräch zwischen Hanna und Paulet wird Maria völlig gegensätzlich beschrieben: als unschuldiges Opfer brutaler Gewalt (so Hanna) bzw. als äußerst gefährliche Verbrecherin (so Paulet).

I/2–4: Maria bittet, würdevoll und unbeeindruckt, Paulet nur um Weiterleitung eines an Elisabeth gerichteten Briefes. Obwohl sie immer noch nicht den Ausgang ihres Prozesses kennt, glaubt sie nicht, dass Elisabeth einer gesalbten Königin etwas antun werde. Nachdem Paulet noch kurz seinen Neffen Mortimer als unbestechlichen Gegner Marias vorgestellt hat, geht er. Im Gespräch mit Hanna öffnet Maria sich: Sie empfinde an diesem Tag, dem Jahrestag des Todes ihres zweiten Mannes, Schuldgefühle. Hannas Beruhigungs- und Entlastungsversuche geraten ungewollt zur Anklage (V. 323–62).

I/5–6: Hoffnung! Mortimer als heimlicher Verbündeter

Mortimer entpuppt sich überraschend als Vertreter der Mächte, die Maria retten wollen. Pathetisch schildert er seine Wandlung vom fanatischen Protestanten zum überzeugten Katholiken und Elisabeth-Gegner während einer Reise nach Rom. Andeutungsweise erfährt man auch von seiner Liebe zu Maria. Maria, skeptisch und zurückhaltend gegenüber seinen Befreiungsplänen, setzt alle Hoffnungen auf Leicester, einen Günstling Elisabeths, der Maria beistehen wolle. Mortimer ist erstaunt, will aber einen Brief Marias an Leicester überbringen.

I/7–8: Der Auftritt Burleighs – welch ein Wechselbad!

I/7: Burleigh verkündet das Todesurteil gegen Maria und nimmt ihr damit eine erste Hoffnung. Nun aber kommt die selbstbewusste Königin zum Vorschein: Überzeugend legt sie dar, wie sehr gegen sie das Recht gebeugt worden sei, und klagt über Elisabeths Scheinheiligkeit. Als eindeutige Siegerin verlässt sie die Bühne.

I/8: Auch Burleigh betreibt ein doppeltes Spiel, denn er versucht, Paulet für einen heimlichen Mordanschlag auf Maria zu gewinnen – der aber, die Redlichkeit in Person, weist dieses Ansinnen entrüstet von sich.

II. Akt: Elisabeths Hof: Eitelkeiten und Intrigen

II/1–2: Noch ein Wechselbad für den Leser: Elisabeth!

II/1: Weg von Marias düsterem Kerker, hin zu Elisabeths glanzvollem Hof: Noch bevor die englische Königin auftritt, werden ihre Macht und Herrlichkeit von den Höflingen Kent und Davison beschrieben. Aufgrund der fast fertig ausgehandelten Verlobung Elisabeths mit dem Bruder des französischen Königs wird gerade ein prunkvolles Fest gefeiert.

II/2: Elisabeth tritt mit Gefolge und französischen Botschaftern auf; sofort erkennt man die Problematik ihres Wesens: den (rhetorisch geschickt realisierten) Hang zur Selbstdarstellung (V. 1122–26, 1129); die Unschlüssigkeit (hier bezogen auf das Eheprojekt); die innere Gespaltenheit zwischen Machtbewusstsein und Abhängigkeit vom Volk (V. 1155f.) bzw. zwischen der Frau und der Herrscherin in ihr (sie liebt ja Leicester; vgl. Regieanweisung nach V. 1217); den Konflikt mit Maria.

II/3–4: Die politischen Hintergründe werden offenbar

II/3: In dieser **„1. Staatsratsszene"** prallen die Grundpositionen hinsichtlich Marias aufeinander:

- Burleigh vertritt die Staatsräson: Maria sei umgehend hinzurichten, sie stelle eine beständige Gefahr für Elisabeths Thron und Englands Freiheit dar.
- Talbot, Repräsentant von Recht und Gerechtigkeit, ist gegen Marias Tod: Sie unterliege nicht englischer Rechtssprechung; Elisabeth brauche sich dem Wunsch des Volkes nach Marias Hinrichtung nicht zu beugen; eine Hinrichtung gefährde sogar langfristig Elisabeths Ruf. Talbot redet sich freilich ins Abseits: erst durch die für Elisabeth unakzeptable Aussage, Frauen seien *ein gebrechlich Wesen* (V. 1373), dann durch eine Lobeshymne auf Marias Schönheit (V. 1395–97).
- Leicester (Marias Hoffnung und zugleich Elisabeths Liebhaber) plädiert für einen Mittelweg: Elisabeth stehe auf dem Gipfel ihres Erfolges; die Gefahren, die von Maria ausgehen sollen, würden völlig übertrieben; deshalb solle man Maria schlicht ignorieren und sie nicht töten, um keine Märtyrerin zu schaffen; sollte freilich noch einmal jemand eine Hand für sie erheben, könnte man sie dann hinrichten.

Elisabeth hört zu, legt sich aber nicht fest.

II/4: Paulet führt Mortimer bei Elisabeth ein. Der Zuschauer ist verwirrt: Ist Mortimer etwa ein Spion Englands? Was tuschelt er mit Leicester? Paulet übergibt inzwischen Marias Brief, der den Wunsch nach einem Treffen mit Elisabeth enthält; Burleigh protestiert – nach englischem Recht käme das Treffen einer Begnadigung gleich; Talbot will genau das; Leicester hält sich bedeckt. Elisabeth gibt sich gerührt, entscheidet aber nichts und schickt alle weg – außer Mortimer!

II/5–7: Ein Mordkomplott scheitert schon im Ansatz

II/5: Von Rührung keine Spur mehr! Elisabeth versucht stattdessen, Mortimer als „Killer“ anzuheuern – mit Erfolg! Was ist das nun für ein Kerl? (Analyse des Gesprächs, Musterbeispiel höfischen Redens, S. 62–64!)

II/6: Endlich Klarheit! In einem leidenschaftlichen Monolog lässt Mortimer nämlich seinem Hass auf die *falsche, gleisnerische Königin* (V. 1632) freien Lauf. Mit seiner scheinbaren Zusage hat er jedoch Zeit gewonnen.

II/7: Paulet, der ahnt, was Elisabeth mit seinem Neffen besprochen hat, warnt ihn eindringlich vor solch ehrlosem Tun. Leicesters Auftritt beendet seine Mahnungen.

II/8: Maria retten – aber wie?

Leicester und Mortimer trauen einander zunächst nicht; Mortimer wagt schließlich den ersten Schritt – nicht ohne durch Sticheleien seine Verachtung gegenüber dem übervorsichtigen Leicester kundzutun. Dieser öffnet nun sein Herz und berichtet von seinen Motiven: Einst habe er die Möglichkeit, Maria zur Frau zu bekommen, nicht wahrgenommen, denn er habe Elisabeths Hand erstrebt; doch als er gemerkt habe, dass er von dieser nur hingehalten und benutzt werde, habe er sich wieder seiner Liebe zu Maria erinnert, und jetzt wolle er sie unbedingt retten. Mortimer wirft ihm vor, von Hilfe nur zu reden. Als er seinen Befreiungsplan vorstellt, schreckt Leicester zurück; die beiden gehen uneinig auseinander. Leicester nimmt sich immerhin vor, jetzt mit Energie eine Begegnung der Königinnen einzufädeln, von der er sich eine gute Lösung erhofft.

II/9: Leicester arrangiert das Königinnentreffen

Als Elisabeth ihn überraschend aufsucht, erhält Leicester prompt die Chance, seine Absicht zu verwirklichen. Ihre Verwunderung, was Leicester mit Mortimer zu besprechen hatte, kann jener geschickt beschwichtigen, und er stellt sich gleich als bemitleidenswertes Opfer von Elisabeths Heiratsplänen dar, macht ihr ein schlechtes Gewissen. Sie beginnt ihr Los zu beklagen, kommt automatisch voller Hass und zugleich Selbstmitleid auf Maria zu sprechen, äußert plötzlich den Wunsch, ihre Konkurrentin um Thron und Männergunst (letzteres Motiv dominiert im Moment) zu sehen – da kann Leicester einhaken. Er überrumpelt sie richtiggehend mit seinem Plan, widerlegt geschickt jedes Gegenargument der wieder zaudernden Elisabeth und gewinnt ihr Einverständnis.

III. Akt: Hure gegen Bastard – die große Wende

III/1–3: Maria zwischen Furcht und Hoffnung

Wir sehen Maria am Gipfel ihrer trügerischen Hoffnung. Der Grund ihres Höhenfluges: Sie darf plötzlich den Park betreten und ahnt, dass das Treffen mit Elisabeth bevorsteht. Paulet kündigt auch tatsächlich Elisabeths Erscheinen an, und Shrewsbury versucht, Maria Mut zu machen. Doch jetzt erfüllen sie Furcht, aber auch stolzer Hass, den sie mühsam zu bändigen versucht.

III/4–5: Das Königinnentreffen: der Wende erster Teil

III/4: Schon der Anfang deutet auf das Scheitern der Begegnung hin. Elisabeth tut, als wisse sie nicht, wo sie sei, und lässt „so nebenbei" eine an Selbstlob kaum zu überbietende Bemerkung fallen, um Maria zu provozieren (V. 2229–31). Maria erkennt die Hoffnungslosigkeit ihrer Situation, reißt sich aber zusammen, was Elisabeth prompt als Stolz missversteht, der sie sofort zu einem neuen Angriff reizt! In diesem Stil geht es weiter.

Marias Taktik: Selbstverleugnung, Flehen, Bitten; der Vorschlag, sie sollten beide ihre jeweilige Schuld (indirekt ein Angriff auf Elisabeth!) vergessen oder dem Schicksal zuschreiben; schließlich die völlige Erniedrigung: der Verzicht auf alle Herrschaftsansprüche. Zwischen ihren Worten sind jedoch laufend Attacken gegen Elisabeth versteckt. Maria hat sich letztlich genauso wenig im Griff wie ihre Gegnerin: Diese, im Innersten ohnehin nicht versöhnungsbereit, spielt ihre Macht aus, greift Maria als Politikerin und als Mensch an, weist alle Entschuldigungsversuche barsch zurück; ihre Worte gipfeln in dem brutalen Vorwurf, Maria sei eine königliche Hure (V. 2416–18) – Ausdruck von Elisabeths ganzem Neid! Maria kämpft innerlich, bis es aus ihr herausbricht und die große Wende bringt: Eine flammende Angriffsrede gegen die nun sprachlose Elisabeth steigert sich zu dem genauso brutalen Gegenvorwurf: *Der Thron von England ist durch einen Bastard/ Entweiht* (V. 2447f.). Elisabeth kann nur mehr wortlos abgehen.

Das Paradoxe des Gesprächs und seine tragische Ironie: Bei dem Versuch, den Konflikt zu verringern, ist dieser schrittweise eskaliert. Elisabeth wollte am Anfang ihren Triumpf auskosten, Maria sich demütigen – am Ende jedoch ist Elisabeth die Gedemütigte, Maria die Triumphierende. Keine Seite ist wirklich zur Versöhnung fähig; während man aber von Elisabeth gar nichts anderes erwartet hat, überrascht Marias Verhalten doch. Der Kern des Konflikts wird offenbar: eine unselige Vermischung persönlicher und politischer Motive.

III/5: Maria kostet ihren Sieg aus – vor allem die Tatsache, dass sie Elisabeth in Gegenwart Leicesters erniedrigte.

III/6–8: Mortimers Plan misslingt: der Wende zweiter Teil

III/6: Mortimer belauschte das Gespräch der Königinnen; leidenschaftlich preist er jetzt Marias Mut, die freilich ihrerseits, inzwischen schon kleinlauter, nur wissen will, ob der Brief Leicester erreicht hat – sie hofft noch immer auf seinen Einfluss. Doch Mortimer, voller Verachtung gegenüber seinem Nebenbuhler, weist sie darauf hin, dass sie jetzt keine Gnade mehr erwarten könne; nun helfe nur noch sein blutiger Befreiungsplan. Pathetisch offenbart er ihr seine Liebe und reißt sie an sich – Maria erschaudert. Aus dieser Situation rettet sie die herbeistürzende Amme, die berichtet, dass sich lauter Bewaffnete dem Park näherten. Maria flieht ins Haus.

III/7–8: Die Ereignisse überstürzen sich: Paulet verkündet, Elisabeth sei ermordet worden, und verschwindet wieder. Da taucht ein Mitverschwörer Mortimers, Okelly, auf: Der Anschlag, von einem aus ihrer Gruppe ohne Absprache durchgeführt, sei fehlgeschlagen, alle müssten fliehen. Mortimer jedoch will bleiben.

IV. Akt: Stirbt Maria nun oder nicht?

IV/1–6: Alte Intrigen werden aufgedeckt, neue gesponnen

IV/1–3: Burleighs große Stunde: Er entlarvt den französischen Botschafter Aubespine als Helfer der Verschwörer und verweist ihn des Landes; in Leicester erkennt er den Initiator des Königinnentreffens und beschuldigt ihn der Konspiration mit Maria. Kühn verlangt dieser, dass Burleigh seine Vorwürfe vor Elisabeth wiederhole, der aber willigt sofort ein und geht selbstsicher ab.

IV/4: Mit sich allein, schwindet Leicesters Optimismus. Da kommt Mortimer, um ihn zu warnen. Leicester erkennt seine Chance, enttarnt ihn kurzerhand als einen der Verschwörer und liefert ihn der Wache aus. Mortimer reagiert, wie man es von ihm erwartet: Unter Worten der Verachtung für Leicester erdolcht er sich.

IV/5–6: Szenenwechsel – Elisabeth und Burleigh treten auf; er hetzt gegen Leicester und Maria, sie ist wutschnaubend entschlossen, beide zu vernichten. Doch ihr Wankelmut, hier wohl von ihrer Liebe gespeist, taucht wieder auf: War der Brief Marias an Leicester, der Burleigh in die Hand gefallen ist (ein gefährlicher Beweis!), vielleicht nur ein Trick Marias, um einen Keil zwischen Elisabeth und Leicester zu treiben?

Da dringt Leicester gewaltsam zu ihr vor. Geschickt wie immer, rettet er seine Haut: Seine Kontakte zu Maria und Mortimer hätten bloß dazu gedient, deren Absichten auszuforschen (erst jetzt erfahren Elisabeth und Burleigh von Mortimers Verrat); außerdem sei er nun doch für Marias Hinrichtung. Burleigh ist machtlos – Leicester stellt sich als Schutzengel Elisabeths, den Kanzler hingegen als Versager dar. Schließlich überträgt Elisabeth – auf Vorschlag Burleighs und gleichsam als „Liebesbeweis“ – Leicester zusammen mit Burleigh die Aufsicht über Marias Hinrichtung.

IV/7–10: Ein neuer alter Mitspieler taucht auf: das Volk

IV/7–8: Kent berichtet, das Volk umlagere den Palast und verlange Marias Tod. Burleigh bedrängt Elisabeth, der Forderung nachzugeben. Sie jedoch ist erneut unschlüssig.

IV/9: In dieser **„2. Staatsratsszene“** prallen noch einmal die Meinungen aufeinander. Da Leicester gut daran tut, still zu sein, argumentieren nur Shrewsbury (er hat übrigens Elisabeth bei dem Anschlag das Leben gerettet) und Burleigh. Beide beziehen sich auf das Verhältnis zwischen

Elisabeth und dem Volk; Shrewsbury aber stellt die Gefahren einer Hinrichtung für Elisabeths Ruf in den Vordergrund, Burleigh die durch die lebende Maria gefährdete Freiheit des Volkes. Elisabeth jammert, gibt sich unentschieden und schickt schließlich alle weg.

IV/10: *O Sklaverei des Volksdiensts!* (V. 3190) – mit diesen ersten Worten des Monologs bricht es aus Elisabeth heraus. Es offenbart sich ihre ganze Frustration über all die Hindernisse bei der Verwirklichung ihres innersten Wunsches, eine absolute Herrscherin zu sein: die Legitimitätsprobleme samt außen- und innenpolitischen Konsequenzen, die sie nötigen, ständig auf das Volk Rücksicht zu nehmen. Auch die Zerstörung ihres privaten Glücks durch Maria quält sie. Fazit: *Maria Stuart/ Heißt jedes Unglück, das mich niederschlägt!* (V. 3235f.). Deren Beseitigung scheint all ihre Probleme zu lösen, und so unterschreibt sie das Urteil – doch Elisabeth wäre nicht Elisabeth, wenn sie nicht im selben Moment wieder zurückschreckte.

IV/11–12: Burleigh schafft endlich klare Verhältnisse

Elisabeth gibt ihrem Sekretär Davison das Urteil, ohne zu sagen, was damit geschehen solle (nur aufbewahren? Burleigh übergeben?); seine drängenden Fragen beantwortet sie nicht und geht. Hilfe suchend wendet sich Davison an Burleigh, der ihm aber das Blatt entreißt und ihn verzweifelt zurücklässt.

V. Akt: Marias moralischer Sieg und Elisabeths moralische Vernichtung

V/1–5: Die Geschehnisse der Nacht vor der Hinrichtung und ein Hoffnungsschimmer, der sogleich verfliegt

Die Amme berichtet von dem auf der Bühne ja nicht darstellbaren inneren Wandel Marias in der Nacht vor der

Hinrichtung (also zwischen 4. und 5. Akt). Maria habe sich – zuvor noch voller Hoffnung – auf die Nachricht von der bevorstehenden Hinrichtung plötzlich vom Leben gelöst und sei vollkommen gefasst. Da entsteht ein Hauch von Spannung – Margareta Kurl stürzt herein, die Frau eines der Schreiber Marias, auf dessen Zeugnis hin Maria verurteilt wurde: Er hatte nämlich beschworen, dass Maria mit den Feinden Englands konspiriert habe. Diese Aussage aber sei falsch gewesen, Maria mithin unschuldig. Doch die Hinrichtung ist nicht mehr aufzuhalten.

V/6–10: Maria im Zustand der Verwandelten und ihr Tod

V/6: Noch bevor Maria ein Wort sagt, verraten schon Aussehen und Auftreten, wie gefasst sie dem Tod begegnet. Sie schildert ihren Glückszustand, denn jetzt werde sie frei und triumphiere. Nur mehr um die anderen und deren Sicherheit und Zukunft sorgt sie sich und verteilt ihren Besitz unter den Getreuen.

V/7: In dem Beichtgespräch mit Melvil, ihrem früheren Haushofmeister, der inzwischen heimlich zum Priester geweiht worden ist, erkennt man: Maria ist zwar bezüglich der Anklage in England absolut unschuldig, akzeptiert aber ihre Hinrichtung als Buße für ihre Beteiligung an der Ermordung ihres zweiten Ehemannes.

V/8–9: Burleigh und Leicester holen Maria ab. Sie regelt noch ein paar Dinge, erniedrigt Leicester mit vernichtenden ironischen Worten und verlässt dann die Bühne: *Jetzt hab ich nichts mehr auf der Erden!* (V. 3838).

V/10: Marias Hinrichtung wird durch das Mittel der Teichoskopie (griech. Mauerschau) auf die Bühne geholt. Ausgerechnet Leicester dient als Berichterstatter des Geschehens, das er sozusagen „hinter der Bühne hört": wie Maria mit fester Stimme betet und völlig gefasst stirbt. Leicester ist endgültig zerstört.

V/11–15: Abrechnung! Elisabeths moralische Vernichtung

Ein letzter Schauplatzwechsel: Elisabeth in ihrem Palast in ihrer ganzen Hin- und Hergerissenheit – einerseits hoffend, dass das Urteil vollzogen werde, andererseits voller Furcht davor. Erst durch einen Pagen erfährt sie, dass Burleigh und Leicester nicht mehr in London sind. Hocherfreut will sie nun die „Show" fortsetzen: *Es soll an Tränen mir / Nicht fehlen, die Gefallne zu beweinen!* (V. 3899f.).

Da berichtet Shrewsbury, Marias Schreiber Kurl habe seine belastenden Aussagen widerrufen – plötzlich verhält sich Elisabeth so, als wisse sie nichts von Marias Hinrichtung, und befiehlt, die Untersuchung gegen Maria erneut zu eröffnen. Doch Davison teilt mit, dass Burleigh ihm das Todesurteil entrissen habe; Elisabeth gibt sich empört – sie verbannt den inzwischen eingetroffenen Burleigh, will Davison vor Gericht stellen (sie tat es übrigens auch in Wirklichkeit; der arme Kerl bekam eine Geldstrafe, die ihn ruinierte).

Shrewsbury aber durchschaut das Spiel; resigniert legt er sein Amt nieder, mit Worten, die Elisabeth vernichten: *Ich habe deinen edlern Teil / Nicht retten können* (V. 4027f.). Den Höhepunkt der Niederlage Elisabeths bildet die Meldung, dass Leicester nach Frankreich „abgereist" sei. Das Stück endet mit der Regieanweisung: *Sie* [Elisabeth] *bezwingt sich und steht mit ruhiger Fassung da. Der Vorhang fällt.*

Respekt! Sie haben sich durch die doch recht lange Inhaltsangabe „durchgefressen“. Jetzt wissen Sie, was in dieser Geschichte, die sich selbst amerikanische Soap-opera-Profis nicht besser hätten ausdenken können, geschehen ist.

Doch was soll das Ganze? Ist Schillers Drama nur ein altertümlicher »Dallas«-Vorgänger? Wohl kaum – sonst hätte man das Werk schon längst vergessen.

Auf den folgenden Seiten (denen mit dem dunkelgrauen Blattrand) finden Sie in knapper und übersichtlicher Form – oft auf einer Doppelseite – eine Reihe von **Informationen**, die Ihnen helfen, das Drama besser zu verstehen. Sie erhalten Antworten auf Fragen, die sicher auch im Unterricht gestellt werden:

- Was für ein Mensch war Schiller? Was war ihm wichtig? Womit hatte er zu kämpfen?
- Was schrieb er? Was sind die Themen seines Lebens und Werks?
- In welcher Zeit entstand der Text? Wie wirkte sich das auf Schiller und sein Drama aus?
- Welche Gattungsmerkmale erfüllt das Theaterstück?
- Wie ist es aufgebaut?
- Warum schrieb Schiller in dieser für uns heute so fremden Sprache?

Nach ein paar Literaturhinweisen folgt der **Interpretationsteil**. Sie werden darin einiges sehr Interessante über Schillers Drama erfahren. Zuletzt finden Sie einen **Aufgabenteil**, der Ihnen bei der **Prüfungsvorbereitung** behilflich sein soll.

Friedrich Schiller
*** 10. 11. 1759 in Marbach**
† 9. 5. 1805 in Weimar

Schiller entstammte kleinen Verhältnissen und musste zeitlebens kämpfen: gegen politische Unterdrückung, finanzielle Not, gesundheitliche Probleme. Diese Erfahrungen prägten sein Werk.

1759–73	**Kindheit** in Marbach, Lorch und Ludwigsburg; Sohn eines Wundarztes und späteren Offiziers und Hofbeamten.
1773–80	Wegen seiner Begabung gegen seinen Willen auf Befehl von Herzog Karl Eugen von Württemberg Schüler an dessen unmenschlich strenger **Militärakademie** („militärische Pflanzschule"); zuerst Jura-, dann Medizinstudium.
1780–82	(Schlecht bezahlter) **„Regimentsmedicus"**.
1782	**Flucht** aus Stuttgart nach Mannheim (damals bereits „Ausland"), da der Herzog Schiller weitere literarische Aktivitäten untersagt hatte.
1782–88	Völlig **ungesicherte berufliche Situation** (im Wesentlichen nur als freiberuflicher Schriftsteller tätig, zwar durchaus schon populär, aber ohne nennenswertes Einkommen), drückende Schuldenlast (ein fast lebenslanges Problem Schillers!), auch **Liebeskummer**, Abhängigkeit von befreundeten Gönner(inne)n; zahlreiche **Umzüge**; Beginn der Geschichtsstudien.

1789 Mit Goethes Hilfe außerordentlicher **Geschichtsprofessor** in Jena (bei schlechter Bezahlung!).

1790 **Hochzeit**; kleines Gehalt des Weimarer Herzogs.

1791 **Lebensgefährliche Erkrankung** (Lungenleiden, das Schiller nie ganz überwindet); Unterbrechung der Lehrtätigkeit (und damit Verlust der wenigen Einkünfte); Beginn des **Philosophiestudiums**, vor allem der intensiven Auseinandersetzung mit Kant, ermöglicht durch **finanzielle Hilfen** des dänischen Erbprinzen, eines Verehrers Schillers (ab jetzt kaum mehr Geldsorgen, da auch die Einkünfte als Autor zu steigen beginnen).

1794 Beginn der **Freundschaft** und Zusammenarbeit **mit Goethe** (sie kannten sich schon länger, ihre Beziehung war zunächst aber nur distanziert; Schiller lehnte Goethe anfangs sogar ab).

1799 **Umzug nach Weimar** (jedoch erst 1802 endgültiger Beschluss, dort zu bleiben).

1802 Erhebung in den erblichen **Adelsstand**.

1805 Mit 45 Jahren nach schwerer Erkrankung **Tod** am 9. Mai; hinterlässt Frau und vier Kinder.

Abhängigkeit und **Unfreiheit** sind die **Grunderfahrungen Schillers**:

- Als Jugendlicher und junger Mann war er einem tyrannischen Herzog ausgeliefert.
- Als Erwachsener litt er unter dreierlei: unter seiner lange Zeit völlig ungesicherten beruflichen Lage; damit verbunden unter seinen ständigen Geldsorgen und seiner Abhängigkeit von Gönnern; schließlich unter seiner so oft angeschlagenen Gesundheit.

Schon von daher verwundert es nicht, dass Freiheit in all seinen Werken zentrales Thema ist. Welch anderes Schicksal war da Goethe in die Wiege gelegt worden!

Der deutsche „Dichterfürst“ Schiller war ungemein produktiv und verfasste literarische (vor allem Dramen und Gedichte) wie nicht literarische Werke (vor allem historische, philosophische und kunsttheoretische Texte). Sein Schaffen lässt sich dabei in drei Phasen unterteilen:

1. Schillers Sturm-und-Drang-Jahre (bis etwa 1783)

Das Thema Freiheit beschäftigt ihn hier in einer offen politischen Weise: **äußere Freiheit** von gesellschaftlichen Zwängen und politischen Unrechtsregimen – Schillers Antwort auf die in Württemberg erfahrene Unterdrückung. Seine Hauptwerke sind (nach ersten literarischen Versuchen als Schüler und Student):

1777–80	»Die Räuber«
1782	»Die Verschwörung des Fiesco zu Genua«
1782–83	»Kabale und Liebe« („Kabale“ bedeutet „Intrige“)

Die Helden dieser Stücke kämpfen in unterschiedlichster Weise für ihre Freiheit – teils edel-vorbildlich, teils fies, teils mit offener Gewalt, teils mit bloßer Auflehnung, teils intrigant. Bezeichnend ist, dass alle diese Dramen mit dem Tode der freiheitsdurstigen Helden enden – schon hier wird deutlich, dass Schiller der äußeren Freiheit misstraute; möglicherweise schlug auch sein „innerer Vater“ zu: Wer sich gegen Autoritäten auflehnt, wird vom Schicksal bestraft, so seine unbewusste Botschaft.

2. Die Übergangszeit (ca. 1783–1787)

Schiller ist zwar noch vom Sturm und Drang beeinflusst, seine Arbeiten lassen aber bereits eine **Umorientierung hin zur Klassik** spüren. In diesen Jahren entstanden z. B. die »Ode an die Freude« *(Freude, schöner Götterfunken)* oder die Kriminalerzählung »Der Verbrecher aus verlorener Ehre«, in der ein erst körperlich, dann sozial benachteiligter Mann aus seinem Minderwertigkeitskomplex heraus zum Verbrecher wird – eine lesenswerte, sehr modern anmutende Studie, die zeigt, dass Schiller nicht nur Literat, Philosoph und Historiker, sondern auch Psychologe war (– das zeigt sich übrigens ebenso bei der Gestaltung von Elisabeth!). Sein Hauptwerk in dieser Zeit:

1787 »Don Carlos« (Thema ist der Gegensatz zwischen Despotismus und Volks- und Menschenrechten)

3. Der Weimarer Klassiker Schiller (ab 1787)

Die Vielfalt seines klassischen Werkes kann nur überblicksweise wiedergegeben werden. Freiheit ist auch hier zentrales Thema, gemeint ist aber die **geistige, innere Freiheit**.

Zum einen verfasste er zahlreiche historische, kunsttheoretische und philosophische Schriften, zum Zweiten eine Menge Gedichte: Balladen, z. B. »Die Bürgschaft« oder »Das Lied von der Glocke«, sowie in Kooperation mit Goethe die »Xenien«, philosophische Gedichte. Am bekanntesten sind Schillers klassische Dramen; im Mittelpunkt stehen meist reale historische Gestalten, die **Geschichte** ist jedoch nicht Selbstzweck (wie eigentlich bei keinem seiner Werke), sondern **Veranschaulichungsmöglichkeit einer philosophischen Idee** und eines tragischen Wertekonflikts.

1794–1800 »Wallenstein«

1799–1800 »Maria Stuart«

1800–01 »Die Jungfrau von Orléans«

1804 »Wilhelm Tell« (das ist der, der seinem Sohn den Apfel vom Kopf schießen muss!)

Schillers »Maria Stuart« gilt als eines der Musterbeispiele der Literatur der **Weimarer Klassik**.

Das historische Umfeld

Die Wende vom 18. zum 19. Jh. war in Europa geprägt von einem Bewusstsein der **Zerrissenheit der Welt**: Überall gab es Konflikte, nichts war mehr in der (alten) Ordnung.

- Adel und Bürgertum bekämpften einander (Höhepunkt: die **Französische Revolution**); zwischen den Staaten gab es im Zusammenhang mit Napoleons Expansionsdrang diverse Kriege. Die Revolution war von den deutschen Intellektuellen anfangs begrüßt worden, nach dem Revolutionsterror jedoch wandten sich viele ab.
- Wirtschaftliche Umwälzungen sondergleichen nahmen ihren Anfang (**beginnendes Industriezeitalter**).

In Deutschland war zwar der Adel noch an der Macht, und die Industrialisierung hatte kaum begonnen, aber von sensiblen Menschen wurden diese Veränderungen schon gespürt.

Das geistige Umfeld

Auch geistig stand man am Ende des 18. Jahrhunderts in einer Umbruchphase. Die **Aufklärung** hatte die Menschen zu einem selbstständigen Denken zu führen versucht, die alte Macht der Kirchen erschüttert und die Wissenschaften im modernen Sinne auf den Weg gebracht. Dabei ist die deutsche Aufklärung untrennbar mit einem Mann verbunden, der auch Schiller stark beeinflusste: **Immanuel Kant**. Er prägte mit seiner Definition von Aufklärung das Bewusstsein seiner gebildeten Zeitgenossen (das waren freilich nicht sehr viele): *Aufklärung ist der Ausgang des Menschen aus seiner selbstverschuldeten Unmündigkeit.*

Die Aufklärung erfasste das Denken der eben entstehenden bürgerlichen Mittelschicht; sie führte in der Praxis aber oft zu einer Überbetonung des Verstandes, sodass zwangsläufig

Gegenbewegungen entstanden, die die Gefühle in den Vordergrund stellten: zunächst die **Empfindsamkeit**, dann der **Sturm und Drang** – auch Schiller war ja in seiner Jugend ein „Stürmer und Dränger". Eine dritte für das Verständnis der Weimarer Klassik nötige Größe brachte der Kunsthistoriker Winckelmann ins Spiel: eine **neue Sicht der Antike**, die nun nicht mehr nur wie schon lange in formaler Hinsicht als vorbildlich galt, sondern auch in inhaltlicher: Kunst und Literatur sollen deshalb antike Ideale vermitteln, nämlich die Gedanken von Humanität und Freiheit.

Die Weimarer Klassik als Antwort auf die Zeit

Die Klassiker (Goethe, Schiller, Herder, Wieland u. a.) versammelten sich in Weimar (am „Musenhof" der Herzogin Anna Amalia) und wollten der aus den Fugen geratenen Welt eine neue Ordnung entgegenstellen. Es ging ihnen nicht nur um Literatur, sondern um die Entwicklung eines **Lebensstils**, einer Weltanschauung. Kennzeichen waren:

- das Ideal einer **harmonischen**, sittlich-reinen Persönlichkeit, die sich laufend um Vervollkommnung bemüht,
- der **Ausgleich** von Extremen und Gegensätzen: Gefühl und Verstand, Individuum und Gesellschaft,
- weitere zentrale Werte: Toleranz, geistige **Freiheit**, **Sittlichkeit**, Treue, Freundschaft, Bildung, Schönheit – zusammengefasst unter dem Begriff der **Humanität**,
- die Betonung des Geistigen und der **Gewaltfreiheit**: Politische Freiheit ist nachrangig, Gewalt in jeder Form verwerflich (Absage an Revolutionen!),
- eine **optimistisch**-zuversichtliche Grundstimmung: Der Mensch ist von Natur aus gut, er und die Welt sind verbesserbar, und zwar gerade durch Kunst und Literatur,
- ein vom Harmoniegedanken und vom Schönheitsideal bestimmtes Kunstverständnis: Die **Form** muss **dem edlen Inhalt**, also den Idealen und Werten, **entsprechen**.

Schiller setzt das klassische Programm in »Maria Stuart« systematisch um. Im Folgenden finden Sie dazu nur eine kurze Übersicht; genauere Ausführungen stehen in den Abschnitten zur Gattung (S. 31–33), zum Aufbau (S. 34f.), zur Sprache (S. 36f.) sowie im Interpretationskapitel (S. 39–59).

»Maria Stuart« ist ein **Ideendrama**; zum Ausdruck kommen

- das Ideal der geistigen Freiheit als Antwort auf unabänderliche Gewalt und die Absage an jede Form der Gegengewalt,
- das Ideal der Bereitschaft des Menschen, Schuld zu sühnen,
- das Ideal der Treue (vgl. die Diener Marias),
- das Ideal der Wahrheit und Ehrlichkeit,
- das Ideal der stetigen Verbesserung des Menschen.

All diese Ideale beweisen ihre Wichtigkeit und Richtigkeit gerade auch dort, wo sie nicht verwirklicht sind:

- beim Scheitern jedes Versuchs, durch Gewalt Veränderungen von Marias (oder Elisabeths) Schicksal herbeizuführen; Elisabeths Situation am Ende zeigt, dass ihr durch Marias Tod eigentlich nicht geholfen worden ist;
- in der fehlenden Schuldeinsicht und Schuldbewältigung bei Elisabeth und Leicester, sodass die Erfahrungen, die sie machen, und die Strafen, die sie erleiden, sie nicht wirklich zu besseren Menschen machen können;
- in Verrat und Verlogenheit als Strukturmerkmalen des elisabethanischen Hofes.

Fazit: Schiller entwirft in seinem Drama im Positiven wie im Negativen ein **Idealbild humanen Seins**. Und er bleibt dabei Optimist, wie die Entwicklung Marias, einer ja wahrhaft schuldbeladenen Frau, zeigt.

Den inhaltlichen Idealen entspricht die **ideale Form** des Dramas (s. S. 31–37). Sie zeigt sich in der Verssprache, im pathetischen Stil und der strengen Aufbauform (Einheit von Ort, Zeit und Handlung; These–Antithese; Symmetrieprinzip).

»Maria Stuart« ist eine **Tragödie**, also ein Drama, dessen Held in einer Katastrophe endet. Dafür galten bis ins 19. Jahrhundert hinein strenge formale Regeln, die letztlich auf den griechischen Philosophen Aristoteles zurückgehen (manche Details kamen erst im Laufe der Zeit hinzu). So gestaltete Theaterstücke nennt man **„aristotelische Dramen“**.

Diese Bauform lag den klassizistischen Dramen der Franzosen und – durch diese vermittelt und vom deutschen Literaturpapst und Autor Gottsched (1700–1766) festgeschrieben – denen der deutschen Aufklärungsliteratur zugrunde. Doch bereits Lessing (1729–1781) kritisierte dieses starre System, und im Sturm und Drang wurde es – auch von Schiller – kaum oder gar nicht mehr beachtet. Da die Klassik aber **Formstrenge, Ordnung** und **Maß** als stilistische Grundsätze vertrat und sich an der Antike orientierte, griff Schiller jetzt wieder auf Aristoteles zurück.

Formal ist »Maria Stuart« nun wie folgt gekennzeichnet:

1. Weitgehende Wahrung der drei aristotelischen Einheiten

- **Einheit der Handlung:** Sie ist gegeben, denn die vorhandenen Nebenhandlungen (siehe Schaubild auf S. 34f.) stehen im engsten Bezug zu der Haupthandlung, zielen alle auf Rettung bzw. Vernichtung Marias ab.
- **Einheit der Zeit:** Die Handlung eines Stückes darf höchstens 24 Stunden umfassen, im Idealfall decken sich Spielzeit und gespielte Zeit – dieses Ideal ist zwar nicht erreicht (praktisch auch nicht erreichbar; Stücke, bei denen man es versucht hat, wirken meist gekünstelt), die Grundregel aber ist recht gut eingehalten, denn die Ereignisse umfassen die letzten drei Tage Marias: 1. Tag: Akt I (s. V. 2130); 2. Tag: Akt II–IV (s. V. 2059, 3105, 3108); 3. Tag: Akt V (s. V. 3355, 3386ff., 3419, 3877, 3961f.).
- **Einheit des Ortes:** Der Schauplatz der dramatischen Handlung sollte sich nicht ändern – daran hat sich Schiller nicht gehalten; das Drama spielt an zwei Orten. Allerdings hat er

jeder der Kontrahentinnen einen eigenen Ort zugewiesen, und Orte gewinnen damit – im Unterschied zum früheren Drama – einen symbolischen Wert.

Um die Einheiten-Lehre richtig zu verstehen: Man wollte Autoren nicht in ein sinnloses Regelgerüst pressen, ein Drama sollte vielmehr ein geschlossenes Ganzes sein. Unverbundene Handlungsstränge, häufige Ortswechsel und massive Zeitsprünge würden ein Stück zerrissen erscheinen lassen.

2. Orientierung am traditionellen Musteraufbau

1. Akt: **Exposition:** Einführung der Personen, ihrer Beziehungen, des Konflikts und seiner Hintergründe
2. Akt: **Steigende Handlung:** Verwicklungen, Konfliktverschärfung, Spannungsaufbau
3. Akt: **Peripetie:** Wendepunkt, Höhepunkt
4. Akt: **Fallende Handlung:** Hinstreben zur Katastrophe, augenscheinlich aufgehalten durch **retardierende Momente**, um die Spannung des Zuschauers zu erhöhen
5. Akt: **Katastrophe:** Untergang des Helden

Schiller hält sich grundsätzlich an dieses Schema, weicht aber – wie alle guten Autoren seiner Zeit – im Einzelnen dort davon ab, wo es inhaltlich nötig ist (blinder Schematismus ist nur eine Sache von Dilettanten): Die steigende Handlung wird schon im 1. Akt eingeleitet, progredierende (d. h. vorwärts treibende) und retardierende Momente tauchen ebenfalls schon hier auf. Andererseits ist die eigentliche Handlung mit dem 4. Akt beendet; der 5. dient der Vermittlung der philosophisch-moralischen Botschaft Schillers.

3. Geschlossene Form

Eine geschlossene (oft auch „tektonisch“ genannte) Gestalt weisen Werke auf, die – wie die klassischen – nach streng festgelegten Formprinzipien aufgebaut sind. Bei Dramen bedeutet dies neben den gerade erläuterten Merkmalen

- Bauprinzipien, die die Geschlossenheit des Ganzen noch vertiefen: bei Schiller die symmetrische Aufteilung der Handlungsorte (s. Schaubild auf S. 34f.) und das antithetische Prinzip, auf dem die Grundstruktur der Handlung bzw. des Personals fußt, das sich aber auch in den meisten Einzelszenen findet (vgl. exemplarisch I/1, I/2, I/4, I/7, II/3, II/5, II/8, III/4, IV/3, IV/6, IV/9, V/7);
- die Ausgewogenheit von Spiel und Gegenspiel, die Schiller vorbildlich gestaltet;
- der Grundsatz, dass nicht nur das Ganze, sondern auch ein Ausschnitt in sich geschlossen und abgerundet ist – vgl. bei Schiller z. B. das Treffen der Königinnen.

Das Gegenstück zur geschlossenen Form ist die offene, die schon im Sturm und Drang von Autoren wie Lenz (»Die Soldaten«) oder Goethe (»Götz von Berlichingen«), später von Büchner (»Woyzeck«) und den Naturalisten (Hauptmanns »Die Weber«) verwendet wurde und bei modernen Autoren seit Brecht weit verbreitet ist. Kennzeichen: z. B. häufiger Schauplatzwechsel, Zeitsprünge, lose verknüpfte Handlungsstränge.

4. Enthüllungsdrama (analytisches Drama)

Entscheidende Voraussetzungen der Handlung gehören bereits der Vergangenheit an; teils sind sie allen Figuren bekannt (z. B. Marias Vorleben, Elisabeths umstrittener Herrschaftsanspruch), teils nicht (die schon vor Beginn des Geschehens eingeleiteten Intrigen Mortimers und Burleighs oder die Erlebnisse, die gewisse Figuren bei ihrem Handeln motivieren, z. B. Mortimers Bekehrung oder Leicesters „Liebe" zu Maria). Die Ereignisse und ihre Wirkungen werden jetzt den Figuren und den Zuschauern enthüllt.

Gegenstück ist das Zieldrama (Entfaltungsdrama, synthetisches Drama), z. B. Schillers »Kabale und Liebe« oder »Wallenstein«: Die Handlung setzt erst mit den konfliktauslösenden Ereignissen ein und führt direkt auf das Ende hin.

Der Aufbau des Textes

Akt	I	II	III	IV	V
im Zentrum	**Maria**	**Elisabeth**	**Maria und Elisabeth**	**Elisabeth**	**Maria (und Elisabeth)**
Ort	Fotheringhay	Westminster	Fotheringhay	Westminster	Fotheringhay (u. Westminster)
		steigende Handlung	Peripetie	fallende Handlung	
Funktion	Exposition		tektonische Bauweise		Katastrophe und Nemesis
	Vorstellung der Personen, Beziehungen, Hintergründe, Konflikte (in I und II)	Aufbau von Verwicklungen, Konfliktverschärfung (in I und II)	Wendepunkt, Höhepunkt; hier zweifache Wende: misslungene Begegnung (III/4), misslungenes Attentat auf Elisabeth (III/8)	Hinstreben zur Katastrophe, verzögert durch retardierende Momente	Untergang des Helden und strafende Gerechtigkeit (Nemesis) gegen die „Bösen“

Handlungs-
struktur

zentraler Handlungsaspekt

Stirbt Maria? ……… Wie stirbt Maria? ……

Was bestimmt den Prozess der Entscheidungsfindung? ……… Folgen? ……

progredierende Handlungsstränge
(vorwärts treibend, d. h. mit dem Ziel, dass Maria stirbt)

Haupthandlung: offizielle Versuche, Marias Tod herbeizuführen ………
Hauptakteur Burleigh; verdeckt und unentschieden Elisabeth ………

Nebenhandlung: Meuchelmordpläne Burleighs und Elisabeths ………
Scheitern in I/8 und II/5–6 (aus Sicht Elisabeths erst in IV/6) ………

retardierende Handlungsstränge
(verzögernd, d. h. mit dem Ziel, Maria zu retten)

Mortimer-Handlung: Scheitern in III/8 bzw. IV/4 ………

Leicester-Handlung: Scheitern in III/4 ………
sogar Kehrtwende gegen Maria in IV/6! ………

Shrewsbury-Handlung: Scheitern in IV/9–10 ………

bewirken im Endeffekt das Gegenteil des Angestrebten

Gemäß dem Anspruch der Klassiker müssen Form und Inhalt übereinstimmen: Erhabene Ideen werden am hervorstechenden Schicksal bedeutsamer Gestalten in einem überaus

••• Blankvers (jambischer Fünfheber)
Reimloser Vers mit festem Metrum: Jeder der fünf Takte beginnt mit einer unbetonten Silbe, auf die eine betonte folgt (Jambus). Am Versende ist eine zusätzliche Senkung möglich. Reime nur an besonderen Stellen (z. B. in III/1)! **Hinweis:** Gezählt werden nicht Druck-, sondern Verszeilen; ein Vers kann auch auf zwei oder drei Sprecher verteilt sein.

••• Bilderreichtum
Schiller verwendet sehr häufig **Metaphern**, daneben auch **Personifikationen**, eine **Allegorie** (II/1) u. a. Tropen (Oberbegriff für alle Mittel bildlichen Sprechens). Zur Charakterisierung der Königinnen und ihrer Gegensätzlichkeit wählte der Autor auch **Metaphernkomplexe**: Ein *Netz von Feuermetaphern*[1] veranschaulicht Marias Gefährlichkeit und Sinnlichkeit und dient indirekt dem Ausdruck von Elisabeths Gefühlsverdrängung; außerdem kommt eine Hell-Dunkel-Metaphorik zum Einsatz.[2]

••• Vielfältige rhetorische Stilmittel
treten häufig zusammen mit Sprachbildern auf; zentral sind die **Antithese** (der Grundstruktur des Dramas entsprechend) und **Nominalisierungen** zur Betonung des Allgemeinen gegenüber dem Einmalig-Spontanen.

••• Zahlreiche Sentenzen
verdeutlichen das Gesetzhafte des individuellen Geschehens.

---

1 Graham, Ilse: Schiller, ein Meister der tragischen Form. Darmstadt 1974, S. 145, zitiert nach: Leipert (s. S. 38), S. 103.

anspruchsvoll aufgebauten Drama veranschaulicht; sprachlich ist dem nur das „genus grande", der hohe bzw. pathetische Stil (griech. páthos: Leidenschaft), angemessen.

••••• Kennedy. *Was macht Ihr, Sir? Welch neue Dreistigkeit!*
Zurück von diesem Schrank!
Paulet. *Wo kam der Schmuck her?*
(I/1, V 1–2)

◡ Senkung (unbetonte Silbe)
– Hebung (betonte Silbe)

••••• **Metapher**: *Nicht mit dem Schwerte kam ich in dies Land* (I/7, V. 938); **Personifikation**: *Zum Himmel fliehe, leidende Geduld* (III/4, V. 2438); **Feuermetaphorik**: Burleigh über Maria: *Die Ate dieses ew'gen Kriegs, die mit/ Der Liebesfackel dieses Reich entzündet* (II/3, V. 1281f.); Maria über Elisabeths Zukunft: *Weh Euch, wenn sie von Euren Taten einst/ Den Ehrenmantel zieht, womit Ihr gleißend/ Die wilde Glut verstohlner Lüste deckt* (III/4, V. 2427ff.); **Hell-Dunkel-Metaphorik**: *Bei solchen Taten doppelter Gestalt/ Gibt's keinen Schutz als in der Dunkelheit* (II/5, V. 1606f.); *Geblendet ward sie von der Laster Glanz [...]. Sie überstrahlte blühend alle Weiber* (II/3, V. 1393 und 96)

••••• vgl. I/8, V. 961ff.: *Ich bin die Schwache, sie die Mächt'ge* (Antithese, Parallelismus, Nominalisierung) – *Wohl!/ Sie brauche die Gewalt, sie töte mich,/ Sie bringe ihrer Sicherheit das Opfer.* (Anapher, Parallelismus, Klimax) / *Doch sie gestehe dann, daß sie die Macht/ Allein, nicht die Gerechtigkeit geübt.* (Antithese, Chiasmus) / *Nicht vom Gesetze borge sie das Schwert,/ Sich der verhaßten Feindin zu entladen [...].* (Inversion, Metapher, Periphrase)

••••• *So sind die Männer. Lüstlinge sind alle!* (II/9, V. 1988) *Denn ein gebrechlich Wesen ist das Weib.* (II/3, V. 1373)

---

2 Leipert (s. S. 38), S. 104.

Im Unterricht kann genauso wie in diesem Mentor-Band ein literarisches Werk nur zum Teil erschlossen werden. Die folgenden Lesetipps helfen Ihnen, falls Sie sich für weitere Aspekte interessieren.

Wenn Sie umfangreichere Erläuterungen zu einzelnen Textstellen, Selbstaussagen Schillers über sein Werk, zeitgenössische Kritiken, Texte zu Wirkungsgeschichte und späteren Aufführungen sowie zur Interpretation suchen, finden Sie sie bei

Christian **Grawe** (Hg.): Friedrich Schiller. Maria Stuart. Erläuterungen und Dokumente. Stuttgart 1978 (Reclams Universal-Bibliothek Nr. 8143).

Die folgenden drei Titel interpretieren Schillers »Maria Stuart« bis ins Detail und liefern für den, den das Drama besonders anspricht, einen sehr guten Überblick über die Forschungslage. Sprachlich nicht immer einfach!

Gert **Sautermeister**: Maria Stuart. Ästhetik, Seelenkunde, historisch-gesellschaftlicher Ort. In: Walter Hinderer (Hg.): Interpretationen. Schillers Dramen. Stuttgart 1992 (Reclams Universal-Bibliothek Nr. 8807), S. 280–335.

Hans Peter **Herrmann**/Martina **Herrmann**: Friedrich Schiller: Maria Stuart. Frankfurt 1989 (Diesterweg Verlag: Grundlagen und Gedanken zum Verständnis des Dramas).

Reinhard **Leipert**: Friedrich Schiller. Maria Stuart. München 1991 (Oldenbourg Verlag: Oldenbourg Interpretationen mit Unterrichtshilfen).

Eine flüssig geschriebene, besonders lesenswerte Biographie über Maria Stuarts Leben mit einer ganz anderen Charakterisierung ihres Wesens stammt von dem Schriftsteller

Stefan **Zweig**: Maria Stuart. Frankfurt 1976 (Fischer-TB 1714).

Inter-pretation

Den Schwerpunkt der folgenden Interpretation bilden die üblicherweise in der Schule behandelten Aspekte:
- Schillers Freiheitsgedanke
- Politische Aussagen des Textes
- Schillers Theatertheorie
- Schillers Geschichtsphilosophie
- Schillers Frauenbild

1. »Maria Stuart« als Freiheitsdrama

Jetzt brauchen Sie ein bisschen Geduld! Um Schillers (auf Kant fußende) Philosophie richtig zu verstehen, müssen Sie sein Gedankengebäude erst im Zusammenhang kennen lernen; die Übertragung auf »Maria Stuart« erfolgt danach.

1.1 Körper, Geist und Wille: das Menschenbild Schillers

Der Mensch „besteht" aus zwei Teilen, hat eine sog. **„sinnlich-sittliche Doppelnatur"**:
- Zum einen ist er Materie, **Körper** und als solcher mit **Trieben, Gefühlen, Motiven** ausgestattet; dieser Teil unterliegt Gesetzen und Zwängen, wird also von außen bestimmt (heteronom) und ist auch der Zeit unterworfen: Er ist vergänglich, und die Erfahrungen, die man im Laufe der Zeit gemacht hat, schlagen sich hier nieder.
- Zum anderen hat er Teil an der Welt des Geistes und der **„Ideen"** (= moralische Ideale). Der **Geist** kann alle Beschränkungen von Zeit und Raum, alle äußeren und inneren Zwänge hintanstellen, ist selbstbestimmt (autonom). In diesen Bereich gehört auch die Sittlichkeit des Menschen, denn moralische Gesetze gelten – nach Ansicht Kants und Schillers! – überall und immer.

Der Mensch muss, wenn er wirklich Mensch sein will, seine **körperliche Begrenztheit überwinden** und in die Welt des Geistes stoßen. Das tut er **kraft seines Willens**, der Teil seiner Geistnatur ist: *Kein Mensch muß müssen [. . .]. Der Wille ist der*

Geschlechtscharakter des Menschen [...]. Alle anderen Dinge müssen; der Mensch ist das Wesen, welches will (aus Schiller: »Über das Erhabene«[1]).

Während Dinge und andere Lebewesen den natürlichen Gegebenheiten unterliegen, kann der Mensch sich davon befreien, und zwar mithilfe von Vernunft, Verstand und Einsicht. Die Klassik verbindet also Gedanken der Aufklärung (Vernunft-Prinzip) und des Sturm und Drang (Autonomie des Individuums) zu einer neuen Einheit – Schiller verdrängt die Geisteswelt seiner Jugend keineswegs. Uns mag die Betonung der **absoluten Willensfreiheit** befremdlich erscheinen; doch kann man sich tatsächlich von an sich naturgegebenen Bedürfnissen lösen, wenn man z. B. bei Hungerstreiks körperliche Bedürfnisse überwindet oder sogar den Tod in Kauf nimmt.

1.2 Freiheit und Moral

Im Zentrum von Kants und Schillers Gedankenwelt steht der Versuch, den Menschen vom **heteronomen**, d. h. von außen bestimmten, zum **autonomen**, d. h. selbstbestimmten, Wesen zu machen; sich selber Gesetze zu geben und selbstständig zu denken heißt aber nicht, einfach zu tun, wozu man gerade Lust hat; der Mensch ist vielmehr als Vernunftwesen der Sittlichkeit verpflichtet, also einem Geflecht moralischer Normen. Diese sind nicht willkürlich und beliebig; es gibt so etwas wie ein natürliches Sittengesetz, das der Mensch nur zu erkennen braucht – kraft seiner Vernunft und gegen die Einflüsterungen seiner Triebe, Neigungen und Gelüste. Freiheit bedeutet also, sich von der Triebseite (dem Körperlichen, Tierhaften) zu lösen; das bedeutet aber auch, sich nicht von außen zu etwas zwingen zu lassen.

Vernunft, Freiheit und Ethik gehören zusammen: Der vernünftige Mensch befreit sich von Zwängen, um moralisch handeln zu können. Erst die Vernunft ermöglicht, moralische

1 Schiller, Friedrich: Werke, Band 2. München/Wiesbaden (Emil Vollmer Verlag) ohne Jahr, S. 760.

Prinzipien zu erkennen; und Freiheit ist insofern eine Voraussetzung moralischen Handelns, als dieses eben immer mit Wählen-Können zu tun hat. Wenn ich unfrei bin, habe ich keine Wahl – mein Handeln kann dann nicht als „gut“ oder „schlecht“ beurteilt werden. Doch selbst im Gefängnis kann ich frei sein – nämlich geistig.

Wie kann ich nun frei und sittlich zugleich werden? Hier sind zwei Fälle zu unterscheiden.

1.3 Die Befreiung von inneren Zwängen

Zum einen bestimmen innere Zwänge den Menschen: Er tut etwas aus Trieben, Gefühlen, Instinkten heraus; dabei wird er von seiner Lebensgeschichte (z. B. Kindheitserfahrungen) beeinflusst. In der Praxis kommt es nun regelmäßig zu Konflikten zwischen den Neigungen und dem sittlich Gebotenen.

- **Handeln aus** bloßer **Neigung** ist, so unsere beiden Philosophen, **verwerflich**, unvernünftig, und es macht **unfrei**. (Denken Sie daran, was geschähe, wenn z. B. jeder seinem Sexualtrieb freien Lauf ließe! Viele, die stark von ihrer Sexualität bestimmt werden, erleben sich als unfrei.)
- Akzeptabel und **befreiend** ist nur ein **Handeln aus „Pflicht“**, d. h. aus der Einsicht in das moralisch richtige Tun, das Neigungen überwindet – so sah es Kant. Schiller ging weiter: Gut und befreiend ist auch ein **Handeln aus** einer **Harmonie von Pflicht und Neigung** heraus.

Schiller weist den positiven Wegen bestimmte Begriffe zu:

- **„Erhaben“** ist, wer bewusst eigene Bedürfnisse unterdrückt, um moralisch richtig zu handeln; auf den Betrachter wirkt er „würdevoll“.
- Eine **„schöne Seele“** hat, wer Pflicht und Neigung vereint, wer also dem Gefühl vertrauen kann, um moralisch zu handeln; er wirkt „anmutig“. Schiller betonte diesen harmonischen, unverkrampften und deshalb „schönen“ Weg, um Schönheit und Kunst einen angemessenen Platz in der moralischen Welt zuweisen zu können (s. S. 51f.).

1.4 Die Befreiung von äußeren Zwängen

Sie erinnern sich: Laut Schiller ist das Wesen des Menschen das Wollen, das der Dinge das Müssen (s. S. 40). Wenn nun gegen einen Menschen **Gewalt** ausgeübt wird, kommt dies einem **Verlust seines Mensch-Seins** gleich. Erst recht gilt dies für den Tod als völlig unbeeinflussbare Form der Gewalt – ein nach wie vor aktueller Gedanke, geprägt von der Menschenrechtslehre des 18. Jahrhunderts. Wie kann sich der Mensch Mensch-Sein und Freiheit im Angesicht von Gewalt oder Tod bewahren?

Schiller sieht grundsätzlich zwei Möglichkeiten:
- den **„realistischen Weg"**, nämlich durch Gegenwehr (welcher Art auch immer) oder Kampf – **Gewalt** soll also **faktisch vernichtet** werden; das Problem dabei: In bestimmten Situationen (wenn man z. B. zum Tode verurteilt worden ist und keine Rettungsmittel mehr vorhanden sind) ist der Tod nicht vermeidbar – letztlich kann der Tod als solcher sogar nie verhindert werden!
- auf dem **„idealistischen Weg"**: Gewalt soll **auf gedanklich-geistigem Wege vernichtet** werden – das sei immer möglich!

1.5 Anwendung von Schillers Philosophie auf »Maria Stuart«

Maria widerfährt Gewalt, ja ihr droht der Tod. **Vier Akte** lang geht sie den **realistischen Weg**, versucht auf verschiedensten Wegen, ihr Schicksal abzuwenden. Noch kurz bevor sie erfährt, dass die Hinrichtung stattfinden werde, hofft sie auf Rettung (vgl. V/1, V. 3388–96). Marias körperliche Seite mit ihrem **Überlebenstrieb dominiert**. Dass sie am Ende von III/4 (teils schon während des Gesprächs) all ihre **Aggressionen**, die sich in vielen Jahren angestaut haben, Elisabeth ins Gesicht schleudert und damit bewusst-unbewusst eine große Chance vergibt, ist noch kein „idealistischer Weg", kein Akt geistiger Freiheit oder gedanklicher Umdeutung der erlittenen Gewalt, sondern ein **Racheakt**, der für Schiller dem körperlich-triebhaften Teil entspringt. Er ist menschlich verständlich, angesichts der Situation respekterheischend, doch **kein Ausdruck geistiger Freiheit**. Zu sehr litt ihre Seele all die Jahre, als dass sie schon frei sein könnte. Ihr „Dampf-Ablassen“ ist aber notwendig, um frei zu werden für den anderen Weg.

Den **idealistischen Weg** geht Maria erst, als Paulet mitteilt, dass gerade das Schafott errichtet werde, und sie die absolute Aussichtslosigkeit ihrer Lage erkennt. In diesem Moment ereignet sich der Wechsel: *Man löst sich nicht allmählich von dem Leben!/ Mit einem Mal, schnell, augenblicklich muß/ Der Tausch geschehen [...]* (Hanna Kennedy in V/1, V. 3402–04).

Maria kann ihr Schicksal durch die **gedankliche Umdeutung des bevorstehenden Todes** akzeptieren: Sie sieht ihn nicht mehr länger als Gewaltakt, sondern nimmt ihn freiwillig als **Sühne** für ihre Verwicklung in den Mord an ihrem zweiten Gatten auf sich, aber ausdrücklich nicht als Sühne für die ihr vorgeworfenen Straftaten, denn die habe sie nicht begangen (vgl. V/7, V. 3729–30). All das wird in der Beichtszene V/7 klar. Nun ist Maria ein „moralischer“ Mensch, hat ihre Körperseite überwunden und ist endlich wirklich **frei**. – Aber ist sie nun auch eine „schöne Seele“?

1.6 Maria Stuart: Eine „schöne Seele“? Oder „nur“ ein „erhabener Charakter“?

Die meisten Interpreten (z. B. Sautermeister und Herrmann/ Herrmann)[1] sehen in Maria Stuart das Ideal der „schönen Seele“ (s. S. 41) verwirklicht. Für diese These spricht, dass Maria gefasst und mindestens auf den ersten Blick frei von unsittlichen Impulsen wie Hass oder Rachsucht ihr Schicksal als Sühneakt akzeptiert; ja sie verzeiht sogar Elisabeth und entschuldigt sich bei dieser wegen ihres Verhaltens beim Königinnentreffen (vgl. V/8, V. 3781–85). Damit erfüllt sie ihre moralische „Pflicht“. Zugleich scheint ihr Auftreten im 5. Akt nichts Angespanntes zu haben, ist es ihr ein inneres Anliegen, den Sühnetod zu sterben, steht sie über Jammer und Hoffnung auf

1 Sautermeister (s. S. 38), S. 321f.; Herrmann/Herrmann (s. S. 38), S. 84.

Rettung – offenbar sind Pflicht und Neigung harmonisch vereint, die Bedingungen dafür, eine „schöne Seele“ zu sein, mithin erfüllt.

Man kann in Maria aber auch „nur“ einen erhabenen Charakter sehen, wenn man folgende Äußerungen Schillers bedenkt:[1]

- Die „schöne Seele“ weiß gar nicht um die Schönheit ihres Handelns, wird also auch nicht ihre moralische Vollkommenheit selbstdarstellerisch betonen können.
- Sollte die Moral eine übermenschliche Handlung verlangen (z. B. die Überwindung des Wunsches zu leben), erschiene es dem Zuschauer unrealistisch, weil nicht der menschlichen Natur gemäß, wenn die Dramenfigur alles mit Leichtigkeit und Anmut – Merkmale der „schönen Seele“ – ertrüge. Vielmehr sei Würde der angemessene Ausdruck, falls jemand übermenschlich handeln muss – und Würde ist eine Eigenheit des erhabenen Charakters, der mit Anstrengung der Pflicht zum Sieg über die Neigung verhilft.

Wie steht es nun diesbezüglich bei Maria? Für eine „schöne Seele“ betont sie zu deutlich, wie sehr sie sich überwunden und die geistige Freiheit gefunden hat: *Die Krone fühl ich wieder auf dem Haupt,/ Den würd'gen Stolz in meiner edeln Seele!* (V/6, V. 3493f.); *Ihr seid zu Eurer Königin/Triumph [...] gekommen* (V/6, V. 3496f.). Krone, Stolz, Triumph – das sind schon sehr irdische Vokabeln. Natürlich musste Schiller, um ihren Seelenzustand deutlich zu machen, sie diesen selbst beschreiben lassen – aber solche Worte sind einfach nicht „schön“, sondern kehren die eigene Moralität zu betont hervor. Gegen Elisabeth hegt sie zwar wohl keinen Groll mehr (vgl. V/8, V. 3781–86); doch als sie Leicester, über dessen Doppelspiel sie ja inzwischen informiert ist, begegnet (angeblich habe sie schon Hass und Liebe Gott geopfert und fürchte keinen Rückfall, vgl. V/7, V. 3761f.), fällt sie beinahe in Ohnmacht und vernichtet ihn mit ironischen Worten, als er sie auffängt:

1 Schiller, Friedrich: Über Anmut und Würde. In: ders.: Werke, Band 2. München/Wiesbaden (Emil Vollmer Verlag) ohne Jahr, S. 531 und 540.

Ihr haltet Wort, Graf Leicester – Ihr verspracht / Mir Euren Arm, aus diesem Kerker mich / Zu führen, und Ihr leihet mir ihn jetzt! (V/9, V. 3819–21). Spricht so eine „schöne Seele“, die jeden Hass geopfert hat? Schiller hat Maria den ganzen Akt über als überirdische Heilige stilisiert (siehe Regieanweisungen oder Worte wie in V/9, V. 3828f.); ein so menschlicher Zug wie ihre Spitzen gegen Leicester lässt Kratzer auf dem Bild entstehen. Schiller brauchte freilich diesen Auftakt zur Darstellung der Bestrafung aller „Bösewichte“ (vgl. V/10–15).

Fazit: Einiges spricht – allerdings gegen die Aussagen mehrerer Interpreten – dafür, dass **Maria mehr eine „erhabene“ als eine „schöne“ Seele** ist und insgesamt ein gemischter Charakter – für eine „schöne Seele“ hat sie wohl auch ein zu bewegtes, lasterhaftes Leben... Diskutieren Sie doch die unterschiedlichen Sichtweisen mit Ihrem Lehrer!

1.7 Und die anderen Figuren?

Von Shrewsbury abgesehen – dem guten Alten, der am Schluss resigniert sein Amt niederlegt – werden alle „Haupt-Nebenfiguren“ in einer Art und Weise, die ihren Untaten entspricht, **bestraft**: Der gewaltsame **Mortimer** tötet sich selbst (immerhin noch ein Akt der Größe); der intrigante **Leicester** hat alles gewagt und alles verloren, er geht (recht feige) ins Exil, ohne irgendeine Königin oder ein Königreich gewonnen zu haben; der harte **Burleigh**, der sich ganz dem Staat verschrieben hat, wird ausgerechnet aus der Politik verbannt und **Elisabeth**, die alle Mittel eingesetzt hat, um von allen geliebt zu werden und so ihr Minderwertigkeitsgefühl auszugleichen, steht am Gipfel ihrer Herrschaft zwar durch nichts mehr gefährdet da, aber moralisch minderwertig und, wie das so am Gipfel ist, allein, einsam, isoliert.

Elisabeth hat **nichts dazugelernt** – angesichts der Forderung der Klassik, dass der Mensch sich ständig weiterentwickeln müsse, ein gewaltiges Versagen. Sie ist immer nur den realistischen Weg gegangen (wie Leicester, Mortimer und Burleigh auch). Sie hat sich so nur faktisch von der ihr durch Maria drohenden Gewalt befreien können, **moralisch-geistig** bleibt sie **unfrei** – das zeigen ihre Reaktionen, als sie von der Hinrichtung erfährt. Brutal treibt sie ihr Doppelspiel weiter, bestraft Unschuldige (vgl. V/14f.), steht nicht zu ihren noch unmittelbar vorher (vgl. V/11, 12) geäußerten Hoffnungen auf Marias Tod. Bis zuletzt bleibt sie (fremd-)bestimmt von ihren Trieben und ihrer Persönlichkeitsstruktur, unfähig, zur geistigen Welt der wirklichen Freiheit und Selbstständigkeit durchzustoßen. Sie ist deshalb weder „erhaben" noch „schön", sondern unmoralisch und unfrei.

Schiller, der Psychologe, lässt freilich ihr Verhalten verständlich werden, ohne es zu entschuldigen: Die Gefährdungen, denen sie in ihrer Jugend ausgesetzt war, prägten sie (vgl. II/3, V. 1377–83; IV/10), ließen in ihr ein Ohnmachtsgefühl und einen Minderwertigkeitskomplex entstehen, die sie sinnvoll nicht bewältigen konnte, und zwar auch deshalb nicht, weil sie ja zeit ihrer Herrschaft weiter gefährdet blieb. Ihre Unschlüssigkeit und ihr beharrlicher Versuch, es sich ja nicht mit dem Volk, von dem sie abhängig ist, zu verderben, sind genauso Folge und Ausdruck ihrer Persönlichkeitsdeformation wie ihre ständige Selbstdarstellung und ihre Suche nach Bestätigung. Wie soll so jemand Vertrauen und Selbstbewusstsein aufbauen können außer durch unglaubliche Selbstüberwindung oder die Hilfe wirklich ehrlicher Freunde? Ehrlichkeit war aber nun weder ein Charakteristikum des elisabethanischen Hofes, wie Schiller ihn darstellt, noch eines der Höfe des 18. Jhs.

2. Aufklärerische Sicht von Herrschaft und Recht

Der Kampf der Königinnen ist ein Kampf um die Herrschaftslegitimation. Das Thema der Auseinandersetzungen fast aller Beteiligten ist die Herrschaftspraxis. Beides hängt eng mit der Rolle und dem Verständnis von Recht zusammen.[1]

1 Zum Teil stütze ich mich im Folgenden auf Sautermeister (s. S. 38).

2.1 Die Rechtfertigung von Herrschaftsansprüchen

Die Argumente der Rechtfertigung von Herrschaftsansprüchen prallen aufeinander, ohne dass für die Figuren oder für die Zuschauer zu Schillers Zeiten eine Entscheidung möglich wäre. Für Maria spricht als ein damals juristisch gewichtiges Argument ihre lupenreine Herkunft, gegen Elisabeth eben der Makel an ihrer fürstlichen Geburt (vgl. IV/10, V. 3223); dafür kann sie (historisch korrekt) die Unterstützung durch das Volk (vgl. II/2, V. 1122–24; II/3, V. 1423f., 1309f.; IV/7–8) und das Parlament (vgl. II/3, V. 1420f.) anführen.

Nun ist das Problem der Herrschaftslegitimation zu Zeiten Schillers hochbedeutsam: Einerseits herrschen – vor allem in Deutschland – weitgehend unangefochten Adel und Könige, die ihre Macht dynastisch legitimieren; andererseits führen die Amerikanische und die Französische Revolution als Kinder der Aufklärung die demokratische Regierungsform vor Augen, und auch der klassische Schiller vertrat, obschon kein Revolutionär, durchaus den Gedanken der Volkssouveränität (Volk als Urträger der Herrschaft), nachlesbar in der Schrift »Die Gesetzgebung des Lykurgus und Solon«. Elisabeth scheint vor diesem Hintergrund eigentlich mehr Recht auf die Krone zu haben als Maria, die ja nur das dynastische Prinzip anzubieten hat. Dass Elisabeth trotzdem so dargestellt wird, als sei sie im Unrecht, hat damit zu tun, dass es Schiller in diesem Stück allenfalls am Rand bzw. nur oberflächlich um die Frage der Herrschaftslegimation ging.

2.2 Beugung des Rechts durch Elisabeth

Entscheidend ist vielmehr der Umgang der Beteiligten mit dem Recht als solchem, als Teil der Praxis von Herrschaft. Das **Recht** als etwas für alle Menschen gleich Gültiges, als **Basis der Beziehungen der Menschen** zueinander war ein aufklärerischer Grundgedanke; er sorgte dafür, dass der reine Absolutismus früherer Jahrhunderte im 18. Jahrhundert vom **aufgeklärten Absolutismus** abgelöst wurde – zumindest in der Theorie und in der Praxis einiger Länder. Prototyp des aufgeklärten Herrschers war Preußens Friedrich II.; er sah sich als erster Diener seines Staates und verstand als Hauptaufgabe u. a. die unbestechliche Rechtspflege. Das Bürgertum, politisch praktisch machtlos, aber philosophisch-moralisch Träger des aufklärerischen Fortschritts (daraus bezog es sein Selbstbewusstsein), wünschte die Rechtssicherheit, erlebte aber zugleich Rechtsbeugungen durch die vielen unaufgeklärten Fürsten und Adeligen (Schiller hatte das schon z. B. in »Kabale und Liebe« thematisiert). Das Drama »Maria Stuart« führt diese Situation anschaulich vor Augen, und dabei schneidet Elisabeth sehr schlecht ab.

Sie gibt sich nämlich den Schein eines aufgeklärten Herrschertums, obwohl sie eigentlich unumschränkt absolutistisch herrschen will; in Elisabeths Monolog (vgl. IV/10) wird dies überdeutlich. Nur weil sie in ihrem Herrschaftsanspruch vom Volk abhängig ist, hat sie ihr Leben lang *Gerechtigkeit geübt, / Willkür gehaßt* (V. 3200f.). Da die deutsche Aufklärung (anders als die englisch-amerikanische!) primär eine Gesinnungsethik vertrat (für die Beurteilung einer moralischen Handlung sind die Motive entscheidend, nicht die Tat als solche), war Elisabeth natürlich für Schiller und die Zuschauer „unten durch“. Aus heutiger Sicht ist das zweifellos anders: Entscheidend sind (für die meisten von uns) das Handeln und seine Folgen – ob der Akteur dabei nur hehre Motive gehabt hat, ist zweitrangig.

Elisabeths rechtliches Handeln ist mindestens im „Fall Maria Stuart“ **moralisch verwerflich**. Recht und Gerichte stehen hier nämlich nicht im Dienste einer höheren, unabhängigen Gerechtigkeit, sondern zum einen im Dienste der **Staatsräson** (Vorteil des Staates als entscheidendes Kriterium des Handelns). Diese Auffassung vertritt ganz offen **Burleigh** (vgl. II/3, IV/9), und auch Leicester setzt es als taktisches Argument ein (vgl. II/3, V. 1440f.): Maria sei nämlich eine Gefahr für die politische und konfessionelle Unabhängigkeit Englands. Um den Erhalt dieser Freiheit geht es Burleigh vor allem; Elisabeth ist ihm „nur“ Garantin dieses Fortschritts, ihre Sicherheit und

Herrschaft damit jedoch unabdingbar. Was aber noch schlimmer ist: Das Recht wird zusätzlich aus **persönlichen Motiven** gebeugt. Elisabeths ganze Frustration über die Opfer, die sie als Mensch und Frau für ihr Amt hat bringen müssen, ist eine der entscheidenden Triebfedern ihres Handelns (vgl. II/2, II/9, IV/10); Maria Stuart gilt ihr als Verursacherin dieses Leids, als vom Schicksal begünstigt, da jene ihre Leidenschaften habe ausleben dürfen (vgl. II/9) – dass Maria in Wirklichkeit gerade als Frau genauso bankrott ist wie sie selbst, dafür verstellt ihr der Neid den Blick.

Maria, die mit ihrer Vergangenheit und ihrer Gesinnung eigentlich das antibürgerliche, undemokratische dynastische Prinzip vertritt, profitiert hinsichtlich ihrer Sympathiewerte bei Schiller und den Zuschauern von dem Amts- und Rechtsmissbrauch Elisabeths, auch wenn er sich offensichtlich nur auf Maria bezieht. Welcher Art die Missbräuche sind, schleudert Maria Burleigh schon am Anfang des Stücks entgegen (vgl. I/7), und Shrewsbury wiederholt sie (vgl. II/3, IV/9):

- **zweifelhafte Rechtsbasis:** ein nur auf Maria gemünztes Gesetz wird gegen diese angewandt,
- **parteiische Richter:** vom Königshaus abhängige Adelige,
- **offenkundige Verfahrensfehler:** keine Gegenüberstellung von Beklagter und Zeugen (obschon vorgeschrieben),
- **unglaubwürdige Beweise** und Zeugenaussagen (zum Teil von Zeugen, die im Eilverfahren hingerichtet wurden); dass die ganz wesentliche Aussage von Marias Sekretär ein Meineid war, erfährt man ja noch im 5. Akt,
- **fragwürdige Zuständigkeit des Gerichts:** Maria ist Ausländerin und gesalbte Königin (in der Tat war Maria die erste gekrönte Königin der europäischen Geschichte, die hingerichtet wurde!).

2.3 Der Zuschauer als Richter

Burleigh versucht zwar, die Rechtsbeugung zu widerlegen: Er verweist darauf, dass sich die Richter weder unter Druck setzen noch bestechen lassen würden, da sie die allseits respektierten ersten Männer dieses Landes und deshalb völlig selbstständig und ohne *Fürstenfurcht* seien (vgl. I/7, V. 742–61). Diese beschönigende Argumentation kannten aber die Zeitgenossen Schillers aus der fürstlichen Propaganda; dass „Fürstenfurcht" trotzdem die Gerichte prägte, wussten alle.

So wird der **Zuschauer zum Richter** über einen typischen Fürsten. Schon die Anlage vieler Szenen ist darauf abgestimmt: Wie vor Gericht werden Reden gehalten, wird juristisch argumentiert, werden Zeugen und Beweise vorgeführt – und wird der falsche Schein aufgedeckt, mit dem die Beteiligten sich und ihre Taten zu verhüllen suchten.

Sprachrohr Schillers (und des bürgerlich-aufgeklärten Zuschauers) auf der Bühne ist der alte **Shrewsbury**, der schon deshalb sympathisch wirkt, weil er rechtliches Denken mit Standfestigkeit, Offenheit und menschlichen Gefühlen (seine Liebe zu Maria; vgl. II/3) verbindet. Shrewsbury nimmt Elisabeth alle Ausflüchte, wenn er ihr sagt, dass sie allein entscheiden könne und müsse und sich von etwas Wandelbarem wie der öffentlichen Meinung nicht beeinflussen lassen dürfe (vgl. II/3, V. 1323–41; IV/9, V. 3083–88). Damit spricht er zwar innerhalb der Situation die absolute Herrscherin an (deshalb argumentiert er auch oft in Kategorien der Staatsräson!), von Schillers Absicht her aber vertritt er einen aufklärerischen Grundgedanken: dass das Individuum sich nicht von außen in seinem Urteil bestimmen lassen dürfe, sondern autonom entscheiden müsse, dies aber auf der Basis seiner Vernunft, die ihm das moralisch Richtige vermittelt. Außerdem malt Shrewsbury der Königin aus, was passieren würde, wenn sie sich Marias aus persönlichen Motiven (Hass, Eifersucht) entledigen und somit (das meint er, ohne es auszudrücken) das Recht beugen würde: *Furcht, die schreckliche Begleitung/ Der Tyrannei, wird schaudernd vor dir herziehn* (IV/9, V. 3134f.). Und er spricht den bürgerlichen Zuschauern aus dem Herzen (und referiert ihre Erfahrungen), wenn er feststellt: *Welch Haupt steht fest, wenn dieses heil'ge fiel!* (V. 3138).

3. Die Aufgabe des Theaters

Das Theater hatte in Schillers Zeit einen wesentlich höheren Stellenwert als heutzutage. In seiner Schrift **»Die Schaubühne als eine moralische Anstalt betrachtet«**[1], die er in der frühesten Form 1784 als Rede hielt, beschrieb Schiller diese Ansprüche. Er entfaltet darin ein Modell, das im Kern auf **Aristoteles** zurückgeht und gerade im 18. Jh. diskutiert und teils modifiziert wurde, z. B. von Lessing: Jede Form der Kunst soll sowohl belehren als auch unterhalten. Bei den **Tragödien** vollzieht sich die Belehrung mithilfe der starken Gefühle **Furcht** und **Mitleid**, die der Zuschauer gegenüber dem Schicksal des Helden entwickelt, sodass er sich in einer Art innerem Reinigungsprozess (**„Katharsis“**) von den auf der Bühne dargestellten Vorgängen beeinflussen lässt und zu einem besseren Menschen wird.

Schiller sieht die Bühne
- als Ort der **Gerichtsbarkeit**: Wenn die tatsächlichen Rechtsorgane versagen, übernimmt das Theater die Richterfunktion und entlarvt Verbrechen und Unmoral – in »Maria Stuart« z. B. Elisabeths Rechtsbeugungen und Heuchelei;
- als **Bildungseinrichtung** und Ort der **Wahrheit**: Man lernt Schicksale und ihre Hintergründe kennen; nur hier können die Mächtigen die Realität erleben, z. B. (was Schiller aber nicht so deutlich ausspricht) die Unmoral der höfischen Menschen – Standardthema der Autoren seit Lessings »Emilia Galotti« und zentrales Motiv in »Maria Stuart«;
- als **Schule des Lebens** und **therapeutische Einrichtung**: Man lernt – am Vorbild und durch stellvertretende Abhärtung – schwere Schicksale ertragen (der Depressive z. B. weint hier *mit fremden* [sic!] *Kummer seinen eigenen aus – der Glückliche wird nüchtern und der Sichere besorgt*), entwickelt aber auch Empfindungs- und Einfühlungsvermögen; das Leben beginnt wieder in einem zu erwachen;

1 Im Folgenden zitiert nach: Schiller, Friedrich: Werke, Band 2. München/Wiesbaden (Emil Vollmer Verlag) ohne Jahr, S. 434–442.

- als **Ort gesunder Unterhaltung**: der Ort, *wo sich Vergnügen mit Unterricht, Ruhe mit Anstrengung, Kurzweil mit Bildung gattet*. Schiller war nicht der weltabgehobene Idealist, wie man ihn gern sieht – er war auch Theaterpraktiker, wusste, dass die Leute „eine gute Story“ sehen wollten. An Spannung lässt »Maria Stuart« wirklich nichts zu wünschen übrig;
- als **Schule der Moral**: In »Maria Stuart« entfaltet Schiller seine ganze Ethik und Freiheitsphilosophie;
- als Ort der **Gleichheit**: Das Theater vereint als Zuschauer Menschen aus allen Regionen und Schichten;
- schließlich als Ort, an dem die Menschen, *durch eine allwebende Sympathie verbrüdert [...] ihrer selbst und der Welt vergessen und ihrem himmlischen Ursprung sich nähern* und erkennen, was es heißt, **ein wahrer Mensch zu sein**.

Greifen wir auf Schillers Menschenbild zurück, so sehen wir: Das Theater soll sowohl die Sinnlichkeit des Menschen ansprechen als auch seinen Geist, und in einem so harmonischen Zustand kann der Zuschauer das Schöne genießen und empfinden. Dies hilft ihm, ein idealer Mensch, „erhaben“ oder gar eine „schöne Seele“ zu werden.

Damit enthüllt sich auch die **gesellschaftlich-politische Funktion der Kunst** im Allgemeinen: Wenn alle Menschen selbst „erhaben“ oder „schön“ sind, wird Schillers Utopie eines **Vernunftstaates** erreicht sein, in dem freie, autonome, vollendete Bürger vernünftig miteinander leben. Die **Kunst** hat auf diesem Wege eine **wichtige Aufgabe**: Sie stellt das Erhabene und Schöne dar, hilft dem Menschen, seine Empfindungsfähigkeit dafür zu entwickeln, und **erzieht** ihn so **zum vollendeten Bürger**. Eine äußere Reform braucht es also nicht – wahre Reformen der menschlichen Gesellschaft kommen durch veränderte Gesinnungen, durch bessere Menschen.

Dieses Modell von Zukunft, Politik und Geschichte wird noch deutlicher, wenn man betrachtet, wie Schiller mit den historischen Fakten umgegangen ist.

4. Schillers Geschichtsbild in »Maria Stuart«[1]

Wer sich mit den historischen Hintergründen von »Maria Stuart« beschäftigt hat, wird sich überrascht fragen: Wie konnte nur ein Geschichtsprofessor in seinem Drama die historischen Fakten so verändern?

Dass er die in Wirklichkeit Jahre umfassende Handlung auf drei Tage zusammenballte, ist am ehesten akzeptabel – als Notwendigkeit, die sich aus den Bedingungen der Einrichtung „Theaterstück" ergibt (s. S. 31f.). Zum Beispiel war Kardinal von Guise (vgl. I/6) schon zwölf Jahre vor Maria gestorben; Aubespine unterstützte tatsächlich Verschwörer, aber andere und Jahre vor Marias Tod.

Reine Erfindung (nicht Schillers, sondern schon früherer Bearbeiter des Stuart-Stoffes) ist das Königinnentreffen; Mortimer existierte (wie Okelly) ebenfalls nicht, trägt aber deutliche Züge eines Verschwörers gegen Elisabeth, den es tatsächlich gab (Parry); Shrewsburys persönliche Haltung gegenüber Maria war in der Tat wohlwollend, er war aber nie Lordsiegelbewahrer (vgl. V/15) und seine politische Position gegenüber dem Problem Maria ist ansonsten unbekannt; Leicester war wirklich Elisabeths „Favorit", seine Liebesbeziehung zu Maria ist aber Erfindung. (Die historische Elisabeth wollte ihn übrigens mit Maria nach deren Ankunft in Schottland verkuppeln, vgl. II/7, V. 1762–65, aber beide Kandidaten wollten voneinander nichts wissen.) Solche Beispiele zeigen: **Schiller vermischte „Dichtung und Wahrheit"** kunstvoll miteinander. Es ging ihm also offensichtlich nicht um Wissensvermittlung; die aufgeführten Veränderungen waren meist **aus dramaturgischen Gründen** nötig (Motivkonzentration, Gestalten eines dramengerechten Handlungsrahmens), manchmal hängen sie bereits mit seiner **Philosophie** zusammen (z. B. die Erfindung Mortimers oder die Shrewsbury in den Mund gelegten Ausführungen).

---

1 Sachlich folge ich Herrmann/Herrmann (s. S. 38), bei der Beurteilung der Fakten sehe ich freilich manches anders.

Von größerer Bedeutung sind jedoch drei andere Aspekte:

- In der Realität war Maria bei ihrer Hinrichtung 44 Jahre alt, Elisabeth 53. Schiller veränderte das Alter ausdrücklich: Maria sollte etwa 25, Elisabeth höchstens 30 sein. Er begründete sein Vorgehen damit: *Weil mir alles daran liegt, daß Elisabeth [...] noch eine junge Frau sey, welche noch Ansprüche machen darf*[1]. Nur dann nämlich ist der Kampf der beiden Königinnen, der sich ja sehr stark auf der persönlichen Ebene abspielt (Elisabeths Neid auf Marias Erfolg bei den Männern; Marias sexuelle Anziehungskraft), glaubwürdig. Andererseits zeigt das Verfahren: Schiller sah in einem politischen Ereignis die **persönliche Ebene als hochbedeutsam** an.

- Schiller lobte sonst Elisabeth und England als Verfechter religiöser und politischer Freiheit (in Abgrenzung zu Spanien, dem damaligen Hauptgegner Englands). Ganz anders in »Maria Stuart«! Der für Bürger des 18. Jhs. wichtige **Gegensatz zwischen feudalem Rückschritt** (Spanien) **und bürgerlichem Fortschritt** (England) wird ignoriert, ebenso der konfessionelle Fortschritt (Abwehr der Gegenreformation, Schutz des Protestantismus), den der Protestant Schiller an Elisabeth sonst schätzte. Vielmehr preist das Drama die Sinnlichkeit des Katholizismus (vgl. I/6) – wohl deshalb, weil Schiller Vernunft und Sinnlichkeit harmonisch verbunden wissen wollte. Ansonsten sind die **tatsächlichen außenpolitischen und konfessionellen Aspekte** für ihn **offensichtlich irrelevant**.

- Die Figuren, vor allem die **mächtigen Männer** an Elisabeths Hof, **agieren im Stück als Einzelne**. In der geschichtlichen Wirklichkeit des 16. Jhs. waren sie jedoch Vertreter mächtiger Adelsgruppierungen mit durchaus unterschiedlichen Interessenlagen. Wesentliche politische Kräfte der Zeit (das

1 Brief an den Berliner Theaterdirektor Iffland vom 22. 6. 1800; zitiert nach: Grawe (s. S. 38), S. 4.

Parlament, das sich viele Rechte erkämpfte; das Londoner Volk) werden zwar erwähnt und haben einen (allerdings negativen) Einfluss, handeln aber nicht offen auf der Bühne.

Fazit: An der realen außen- und innenpolitischen Situation war Schiller nicht interessiert. Er **reduziert Geschichte** und Politik vielmehr auf einen **Konflikt, der von Individuen getragen wird**, und zwar solchen des **Hochadels**. Sie werden in der Regel bestimmt von sehr persönlichen, oft richtiggehend triebhaften Interessen (Elisabeth, Leicester, Mortimer, zum Teil auch Shrewsbury und Maria), Machtansprüchen (Elisabeth, Burleigh, Maria) und ideologischem Fanatismus (Burleigh, Mortimer), selten von Moralität (Shrewsbury, Paulet). In der Politik sind alle Einzelkämpfer, Konkurrenten, die den anderen zum Objekt machen: Leicester spielt mit allen, Elisabeth mit fast allen, selbst Maria missachtet die Bedürfnisse und Bemühungen Mortimers und degradiert ihn zum Briefboten – all das ist für die aufklärerisch-klassische Idee vom Menschen, der nie zum Zweck gemacht werden darf (Kant), ein Albtraum! Das historisch so fortschrittliche bürgerliche „Volk" Englands tritt nur als dumpfe, aufgeputschte Masse auf (vgl. IV/7), ohne dass dabei sein Motiv, nämlich der Erhalt einer freiheitssichernden Königin (vgl. Burleighs Ausführungen in II/3, V. 1255–94 und IV/9, V. 3171–82), thematisiert würde! Die **Verderbtheit des herrschenden Absolutismus** ist zugleich durchgängiges Motiv, wobei freilich ignoriert wird, dass im absolutistischen Machtsystem eine Trennung von Privatsphäre und Politik nie existierte und gar nicht existieren kann. Die Personalisierung politischer Konflikte rückt den Einzelmenschen in den Vordergrund, das System tritt zurück.

Dieses Geschichtsbild spiegelt den **Pessimismus** wider, den Schiller in seinen letzten Jahren entwickelt hat. Wohl vor dem Hintergrund der Ereignisse nach der Französischen Revolution (z. B. die Massenhinrichtungen oder der Jakobinerterror) ist zu verstehen, dass er nicht daran glaubte, man könne durch eine Veränderung des Systems, z. B. der Staats- und Herrschaftsform oder der Rechtsordnung, wirklich eine bessere

Gesellschaft herstellen. Der Einzelmensch und sein Charakter ist es, der den Verlauf der Geschichte prägt. Unmoralische, egoistische Menschen können den Zustand eines Landes nicht verbessern, und wenn sie noch so viele Rahmenbedingungen verändern würden. Schiller setzt den schlechten Erfahrungen aus Vergangenheit und Gegenwart sein **Utopiemodell** entgegen: die Entwicklung des moralisch guten Menschen, der seine Freiheit in sich findet und sich von der Realität löst. Irgendwann einmal gibt es dann eine ideale Gesellschaft, nämlich wenn alle ihre Mitglieder ideale Menschen sind!

5. Schillers Frauenbild[1]

»Maria Stuart« ist auch ein Drama über die Schwierigkeiten von Frauen in einer Männerwelt, zumal von Frauen in „Führungsjobs" – ein schon vor 200 Jahren debattiertes Thema!

Ein wesentlicher geistiger Bezugspunkt von Aufklärung und Klassik war die **„Ordnung der Natur"**: Die Wirklichkeit enthalte unumstößliche, nicht vom Menschen geschaffene, sondern von der Natur vorgegebene Gesetze; dem, was natürlich sei, müssten sich der Einzelne wie die Gesellschaft beugen. In dieser Zeit wurde nun auch ein Prozess abgeschlossen, der mit dem Entstehen des Bürgertums begann: die Selbstfindung der Bürger, der Aufbau ihres Welt- und Menschenbildes. Das Bürgertum verband dabei den Begriff „natürliche Ordnung" mit seinen speziellen Interessen (z. B. Abgrenzung vom unterdrückenden Adel) und den Charakteristika seiner Lebensweise: Die durch die Wirtschaftsweise der Bürger bedingte Arbeitsteilung wurde nämlich auf die ebenfalls vom Bürgertum „erfundene" Kleinfamilie übertragen. Somit entstand das, was viele heutzutage noch als **angeblich „natürliche"**, **in Wirklichkeit** aber **historisch gewachsene Rolle der Frau** betrachten. Es

1 Basis der Ausführungen: die hierzu ungemein lesenswerten Arbeiten von Sautermeister (s. S. 38), S. 292–303 und Herrmann/Herrmann (s. S. 38), S. 107–111.

gab und gibt Gesellschaften, in denen die Rollen von Frauen und Männern ganz anders definiert sind. Im **Hochadel** z. B. übten viele Herrscherinnen ihre Funktion selbstbewusst und selbstverständlich aus, **verbanden Frau-Sein und Königin-Sein problemlos**. Schillers Geschichtsdrama ist mithin auch in diesem Punkt unhistorisch: Er übertrug Sichtweisen des Bürgertums des 18. Jhs. auf den Hochadel des 16. Jhs.!

Das **bürgerliche Frauenbild** entwerfen in »Maria Stuart« natürlich zum einen die Männer, aber bezeichnenderweise auch die Frauen: Von der Gebrechlichkeit und **Schwäche** des Weibes und ihrer **Unfähigkeit zu** (männlich) harten Aufgaben, z. B. der **Politik**, reden Burleigh (vgl. I/8, V. 1018–21; V/9, V. 3807f.), Shrewsbury (vgl. II/3, V. 1343f., 1373), Leicester (vgl. II/8, V. 1802, 1933–38) und Melvil (vgl. V/7, V. 3740), weiterhin – im Gegensatz zu ihren faktischen Möglichkeiten und ihrem Tun – Elisabeth (vgl. IV/10, V. 3221), obwohl sie dieselben Worte Shrewsburys streng tadelt (vgl. II/3, V. 1374–76), und Maria (vgl. I/4, V. 332). Frauen zeichnen sich zugleich durch **verführerische List** (vgl. I/1, V. 5; II/6, V. 1642–44; III/4, V. 2405–08) und *[d]er hohen Schönheit göttliche Gewalt* (III/6, V. 2572) aus, nehmen den Männern ihre Kräfte (vgl. II/8, V. 1934–38), streben aber auch danach, sich ihnen zu unterwerfen (vgl. II/9, V. 1970f.; III/6, V. 2587f.). Ihre natürliche Aufgabe ist, einen **Mann durch ihre Liebe glücklich zu machen** (Mortimer, vgl. II/6, V. 1652–56), ihre Freiheit aufzugeben und **Kinder zu bekommen** (Elisabeth, vgl. II/2, V. 1169–84).

Männer sind (aus dem Vorherigen ableitbar) geradlinig und mutig, die natürlichen Herrscher über die Frauen (vgl. II/2, V. 1160–1210; III/6, V. 2548), umgekehrt aber auch roh (vgl. V/9, V. 3803–06; III/6, V. 2589f.) und lüstern (vgl. Elisabeths Klage in II/9, V. 1988 und Mortimers Verhalten in III/6).

Schiller entwirft sein Frauenbild auch in einigen lesenswerten Gedichten (»Das Lied von der Glocke«, »Würde der Frauen«, »Macht des Weibes«). Eine Kostprobe, die übrigens sehr nach Mortimers Worten über Elisabeth (vgl. II/6) klingt:

Kraft erwart ich vom Mann, des Gesetzes Würde behaupt er,
Aber durch Anmut allein herrschet und herrsche das Weib.
Manche zwar haben geherrscht durch des Geistes Macht und der Taten,
Aber dann haben sie dich, höchste der Kronen, entbehrt.
Wahre Königin ist nur des Weibes weibliche Schönheit.
(aus: »Macht des Weibes«[1])

Während in diesen Texten jedoch negative Frauenzüge fehlen, werden Männer (wie in »Maria Stuart«) nicht nur positiv gekennzeichnet – so jedenfalls aus unserer heutigen Sicht! Vielleicht hielt Schiller diese Eigenschaften aber für gut: umherschweifend, unstet, gewalttätig und weitgehend gefühlsgestört.

Neu ist in **»Maria Stuart«**, dass Schiller das **bürgerliche Frauenbild mehrfach infrage** stellt, vor allem durch die Reden Elisabeths (vgl. II/2–3); in ihrem menschlichen Scheitern schwingt freilich auch Schillers Botschaft mit: dass Frausein und Königinsein einander ausschließen, weil Letzteres eine Männeraufgabe ist. (Wenn umgekehrt Mortimers „Macho-Gehabe“ verworfen wird, ändert dies nichts an der Gesamtaussage.) Ansonsten verdeutlicht Schiller seine Ansicht so:

- **Elisabeth** hat sich der (angeblich) „natürlichen“ **Frauenrolle verweigert** und ganz die **„männliche“ Herrscheraufgabe übernommen**. Ihre Weiblichkeit verkümmerte unter den Bedingungen ihrer Jugend (vgl. II/3, V. 1377–87) und wegen ihres Pflichtbewusstseins (vgl. II/9, V. 1980–84) und war geradezu hinderlich bei der Sicherung und Durchführung ihres Herrscheramtes (die Ehe als Kette, vgl. II/2, V. 1211). Elisabeth hat ihre Weiblichkeit aber nicht abgelegt, sondern nur unterdrückt, und so drängt diese immer wieder empor –

1 Schiller, Friedrich: Werke, Band 2 (s. S. 40), S. 153.

vor allem in Form eines **unstillbaren Bedürfnisses** Elisabeths nach erotischem Zuspruch und **Bestätigung ihrer weiblichen Anziehungskraft** (vgl. II/9). Gerade diesen Wunsch nützt Leicester schamlos aus, um Elisabeth zu dem Königinnentreffen zu bewegen. Doch beim Thema Weiblichkeit, das Elisabeth im Gespräch mit Maria auch noch regelrecht sucht, erleidet sie zwangsläufig eine grausame und existenzielle Niederlage. Mortimer gegenüber will sie mit ihren Reizen wirken und erreicht das Gegenteil (vgl. II/5). Die verdrängte Frau in Elisabeth möchte wahrgenommen werden, doch es gelingt nicht, und die Folgen sind für die Herrscherin Elisabeth niederschmetternd. Wäre sie doch, so Schiller, nur bei ihrer natürlichen Bestimmung geblieben – sie wäre glücklich geworden.

– **Maria** hingegen hat ihre **Weiblichkeit voll ausgelebt**, hat dadurch auf alle Männer gewirkt – und zwar so weit, dass diese sich für sie sogar geopfert haben (vgl. II/3, V. 1281–84), freilich durchaus mit dem Anspruch, über die Angebetete Macht zu erlangen (vgl. Mortimer in III/7, V. 2572–91). Ihrer Schönheit und Leidenschaftlichkeit ist sich Maria dabei durchaus bewusst, und sie steht dazu, dass sie dadurch moralische Verfehlungen beging, hüllt ihre weibliche Begierde also nicht in den Schein von Ehrsamkeit wie Elisabeth (vgl. III/4, V. 2421–24) – ein solches ehrliches Verhalten galt bei den Klassikern viel. Allerdings greift das Schein-Sein-Motiv auch bei Maria: Hinter ihrem schönen Schein verbarg sie in ihrer Jugend einen verwerflichen Charakter – die **Verführerinnen-Seite des Frau-Seins**.

Der Preis, den Maria für ihre ausgelebte Weiblichkeit zahlt, ist ihr **Versagen als Herrscherin**. Beide Figuren sollen also deutlich machen: Es ist in den Augen Schillers **für eine Frau unnatürlich, männliche – zumal politische – Aufgaben zu erfüllen**, und sie **wird daran scheitern**.

Aufgaben mit Lösungstipps

Natürlich können wir nicht Ihre (Klausur-)Themen vorhersehen, aber erfahrungsgemäß gibt es recht typische Aufgaben. Zu Ihrer Beruhigung: Bei einem so anspruchsvollen Text werden selten völlig unvorbereitete Themen gestellt!

?! 1. Beliebte Erörterungsthemen mit Lösungstipps

Zu den folgenden Erörterungsaufgaben finden Sie jeweils in Klammern die Seiten dieses Bandes, mit deren Hilfe Sie die Themen bearbeiten können!

- »Maria Stuart« als Ideendrama (s. S. 30, 39–46, 61f.)
- Schillers Freiheitsphilosophie in »Maria Stuart« (s. S. 39–46)
- Zeigen Sie die von den Klassikern erstrebte Einheit von Inhalt, Gehalt, Form und Thematik am Beispiel von Schillers »Maria Stuart«! (s. S. 28–33)
- Recht und Unrecht als zentrale Thematik des Dramas »Maria Stuart« (s. S. 46–50)
- Schillers Kritik am Absolutismus in seinem Drama »Maria Stuart« (s. S. 46–50, 61f.)
- Erfüllt »Maria Stuart« den programmatischen Anspruch Schillers, wie er ihn in »Die Schaubühne als eine moralische Anstalt betrachtet« aufgestellt hat? (Ausgangspunkt: S. 51f.)
- Warum steht Maria Stuart am Ende als moralische Gewinnerin, Elisabeth als moralische Verliererin da? (s. S. 42–46, 47–50)
- Eine vergleichende Charakteristik von Maria Stuart und Elisabeth (s. S. 42–45, 47–50, 58–59)
- Charakter und Funktion der wichtigsten Nebenfiguren (Leicester, Burleigh, Mortimer, Shrewsbury) (s. S. 7, 45, 48–50)
- Schillers Frauenbild in »Maria Stuart« (s. S. 56–59)

? 2. Die Diskrepanz von Sein und Schein

Zeigen Sie, dass die **Diskrepanz von Sein und Schein** ein zentrales Motiv in »Maria Stuart« ist!

! Lösungstipp

Gliederungsvorschlag mit Bearbeitungshinweisen:

1. Sein und Schein auf der **Ebene der Handlung**

1.1 **Intrigen und Täuschungsmanöver** Leicesters (II/9; IV/6), Mortimers (II/4–6), Burleighs (I/8) und Elisabeths (II/5)

1.2 Momente, in denen **Figuren bzw. Zuschauer fälschlich glauben, die weitere Handlung zu kennen**: z. B. Elisabeths Hoffnung auf Triumph (II/9) – tatsächliche Niederlage (III/4); Marias Hoffnung auf Rettung (III/1) – Beschleunigung ihres Untergangs (III/4); Leicesters scheinbare Niederlage – seine Rettung (IV/3–6)

1.3 Die **Gesamtkonzeption der Handlung**: Sämtliche Handlungsstränge, die Marias Tod verhindern wollen, beschleunigen diesen: Leicesters Bemühungen um das Königinnentreffen, Mortimers Befreiungsplan, Shrewsburys Rede (dieser führt in IV/9 Elisabeths Abhängigkeit vom Volk als Argument gegen Marias Hinrichtung an, bewirkt aber damit, dass Elisabeth in IV/10 gerade wegen der Abhängigkeit das Urteil unterzeichnet)

2. Sein und Schein bei der **Figurencharakteristik**

2.1 **Burleigh:** persönlich absolut ehrlich; intrigantes Handeln (Meuchelmordplan; Verhalten gegenüber Leicester nach dem Königinnentreffen) aus nichtegoistischen Motiven heraus (Wohl des Staates)

2.2 **Leicester:** Leben unter dem totalen Schein aus Egoismus

2.3 **Elisabeth:** Leben unter dem totalen Schein wegen ihrer Persönlichkeitsproblematik (Verdrängung des Weiblichen, Minderwertigkeitskomplex; s. S. 45f., 49, 58–59)

2.4 **Maria:** versucht nur einmal (III/4) Schein aufzubauen (Erniedrigung), misslingt aber; sie repräsentiert in ihren Lastern wie in ihren Stärken die Wahrhaftigkeit

3. Diskrepanz von Sein und Schein als Teil der von Schiller getragenen **bürgerlichen Kritik am Absolutismus** (s. S. 47–50)

4. Das Sein-Schein-Motiv und **Schillers Philosophie** (Schein als unmoralisches Tun resultiert aus Triebnatur, führt zur Fremdbestimmtheit; Sein als moralisches Gebot und Weg zur Autonomie; s. S. 39–43)

? 3. Szenenanalyse II/5

Analysieren Sie die **Szene II/5** und gehen Sie dabei schwerpunktmäßig auf das **Gesprächsverhalten** Elisabeths und Mortimers ein!

! Lösungstipp

Gliederungsvorschlag mit Bearbeitungshinweisen:

1. **Inhaltsangabe**

2. **Szenenanalyse**

2.1 **Absichten der Beteiligten, Ausgangspunkt des Gesprächs**
- Elisabeth sucht Helfer für Meuchelmord nach Fehlschlag von Burleigh in I/8; hält Mortimer für geschickten Spion und Anhänger (vgl. „Gesinnungsprüfung“ in II/4)
- Mortimer ohne bestimmte Absicht; nutzt Gelegenheit, um seine Grundinteressen zu befördern (vgl. II/6)

2.2 **Analyse des Gesprächsverlaufs**

2.2.1 **Eröffnungsphase**
- vorsichtiges Herantasten Elisabeths (zur Absicherung, falls Mortimer Ablehnung zeigt); schmeichelt ihm; prophezeit ihm Karriere dank ihrer Macht (V. 1572–1579)

- Mortimers unverbindliche Ergebenheitserklärung (V. 1580f.)

2.2.2 **Schrittweise Annäherung der Gesprächspartner**

- Elisabeth: schildert Bedrohungen; Maria (deren Name sie aber nicht nennt!) als Ursache (V. 1582–1588)
- Mortimer tut naiv, zwingt sie durch seine Aussage zugleich, deutlicher zu werden (V. 1589)
- Elisabeth stellt Verzwicktheit ihrer Lage dar; Taktik: in Mortimer loyalen, starken Mann ansprechen, der sie, die schwache Frau, beschützt (V. 1590–1599)
- Mortimer wieder naiv; ignoriert ihren heimlichen Appell, indem er ausgerechnet ihre Stärke betont (V. 1599f.) – setzt sich keiner Gefahr aus, zwingt sie, deutlicher zu werden, lässt sie zappeln – Elisabeth hat ihren Meister gefunden!
- Elisabeth muss relativ deutlich werden (V. 1601–1609)
- Mortimer tut, als verstehe er sie, deutet aber die Tat auch nur an (unvollendeter, fragender Satz), zwingt sie zu weiterem Engagement (V. 1610)
- Elisabeth (schnell) nimmt Andeutung auf, vollendet sie wieder nicht; schmeichelt Mortimer, um ihn einzuwickeln (V. 1610–1614)
- Mortimer zunächst betroffen (riecht Gefahr!) (V. 1614)
- Elisabeth verrät Kenntnis von Burleighs Versuch (V. 1615)
- Mortimer: deutet durch Selbstlob Zustimmung an; braucht Auftrag, um eigene Pläne zu sichern! (V. 1616–1619)
- Elisabeth: wieder schnell, wieder nur andeutend (V. 1619)
- Mortimers Zustimmung – ohne das Wort „Mord“ auszusprechen (V. 1620f.): Höhepunkt der Szene

2.2.3 **Ausklang**

- Elisabeths Zufriedenheit (V. 1621–1624), Mortimers Bekräftigung (V. 1624)
- quasi Klärung von Organisatorischem: Termin der Aktion (V. 1625f.)
- Elisabeths Angebot zusätzlicher Belohnung: eine Nacht mit ihr (V. 1627–31)!

2.3 **Zusammenfassende Charakterisierung der gesprächstaktischen Mittel beider Figuren**

- Elisabeth: Schmeichelei, Angebote, Andeutungen
- Mortimer: Schmeichelei, stellt sich naiv, Andeutungen
- Mortimer ist der Geschicktere der beiden! (vgl. schon Elisabeths viel höheren Gesprächsanteil)

2.4 **Gesprächsergebnis**

- aus Elisabeths Sicht ein Erfolg, tatsächlich Misserfolg
- Mortimer als wahrer Gewinner (Zeitgewinn; Sicherung von Marias Leben, weil Elisabeth kaum noch einen anderen beauftragen dürfte) – vgl. II/6

3. **Einordnung der Szene in den Gesamttext**

3.1 **Bedeutung der Szene für die Handlungsstränge**

- scheinbare Förderung, aber faktische Beendigung des Meuchelmordplans
- Stärkung der retardierenden Mortimer-Handlung
- Hemmung der Haupthandlung: Mortimer kann erwarten, dass Elisabeth das Urteil in nächster Zeit nicht unterzeichnet
- insgesamt: Stärkung retardierender Bewegung; bedeutsame Szene trotz Kürze

3.2 **Bedeutung der Szene für Figurencharakteristik**

- Enthüllung von Elisabeths tatsächlicher Einstellung; bislang gab sie sich immer unentschieden
- Irritation bzgl. Mortimers Charakter (vgl. bisherige Wechselbäder: I/3 – I/6 – II/4): Mortimer besonders abgefeimter Parteigänger Elisabeths?
- Klärung erst (und eindeutig) in Folgeszene II/6

3.3 **Thematische Bedeutung der Szene**

- Entfaltung des Sein-Schein-Themas in der Gesprächsführung und bzgl. Mortimer-Charakteristik
- indirekt: Kritik am absolutistischen System (vgl. S. 46–50)

Weitere häufig von Lehrern gewählte Textanalyse-Szenen:
II/9, IV/6, IV/9, IV/10, V/7; I/7 und II/8 sind für Klausuren zu lang, für Hausaufsätze aber gut geeignet; I/1 und III/4 werden meist ausführlich im Unterricht besprochen.